CW00984004

GAIR, SAIN A LLUN

LYN EBENEZER

Gwasg
Gwynedd

Argraffiad Cyntaf — Tachwedd 2005

© Lyn Ebenezer 2005

ISBN 0 86074 222 9

Cedwir pob hawl. Ni chaniateir atgynhyrchu unrhyw ran o'r cyhoeddiad
hwn na'i gadw mewn cyfundrefn adferadwy na'i drosglwyddo mewn
unrhyw ddull na thrwy unrhyw gyfrwng, electronig, electrostatig,
tâp magnetig, mecanyddol, ffotogopïo, nac fel arall,
heb ganiatâd ymlaen llaw gan y cyhoeddwyr,
Gwasg Gwynedd, Caernarfon.

*Cyhoeddwyd ac Argraffwyd
gan Wasg Gwynedd, Caernarfon*

ER COF AM
DOUG WRIGHT
(CYN-OLYGYDD Y *CAMBRIAN NEWS*)
A RODDODD I MI
FY NGHYFLE CYNTAF

Cynnwys

Rhagair

Ar 21 Rhagfyr 2004, dydd fy mhen-blwydd yn 65 oed, bwriadwn roi'r gorau i waith teledu a chanolbwyntio ar ysgrifennu. Yn anffodus, dygwyd y penderfyniad oddi arnaf wrth i'r gwaith cyflwyno ar *Pnawn Da* ddod i ben bedwar mis cyn hynny.

Gan fod cyrraedd oed ymddeol yn garreg filltir arwyddocaol, penderfynais gofnodi fy mhrofiadau fel newyddiadurwr a chyflwynydd dros gyfnod o ymron ddeugain mlynedd. Yn fy llyfrau *Cae Marged* a *Cofion Cynnes*, cyfeiriais eisoes at rai profiadau newyddiadurol ac fe benderfynais beidio ag ailadrodd yr hanesion hynny er bod yna orgyffwrdd, o reidrwydd, rhwng rhai o'r profiadau.

Wrth edrych yn ôl ar gyfnod hir o ysgrifennu a chyflwyno, ceisiais gynnwys y mwynhad a'r siom, y pleser a'r boen. Bu'r mwynhad a'r pleser yn llawer mwy amlwg na'r siom a'r boen. Yn wir, teimlaf i mi fod yn ffodus ac yn freintiedig. Ers i mi gychwyn gweithio fel newyddiadurwr yn 1967, llwyddais i gael gwaith di-dor, ar wahân i bythefnos o atal fy llafur adeg streic y newyddiadurwyr yn y saithdegau a phedwar mis o segurdod rhwng diwedd *Hel Straeon* a chychwyn *Pnawn Da* yn 1998. Mewn byd mor anwadal â byd y cyfryngau, mae hynna'n gryn gamp!

Erbyn hyn llwyddais i wireddu breuddwyd, sef byw yn llwyr ar ysgrifennu creadigol. Dylwn fod wedi mentro flynyddoedd yn ôl ond gwell hwyr na hwyrach. Mae amgylchiadau'r byd llyfrau wedi gwella i'r fath raddau fel ei bod hi'n bosibl bellach i rywun fyw ar ysgrifennu creadigol, ac mae yna fwy a mwy yn gwneud hynny.

Carwn ddiolch i Wasg Gwynedd am yr anogaeth i ymgymryd â'r gyfrol hon ac am eu gwaith trylwyr a destlus arferol. Diolch hefyd i Gordon Jones am gadw llygad barcud ar y gwaith. Bu ei waith golygyddol a'i farn annibynnol yn gymorth mawr.

Crwt Papur Newydd

Mae hi'n bump o'r gloch y prynhawn a'r radio Cossor yn cyhoeddi'r newyddion. Nid yw geiriau'r darlledwr yn rhyw glir iawn. Nid yw'n help mai Saesneg yw ei iaith. Ar ben hynny mae'r batri gwlyb yn dechrau pylu. Rhaid fydd mynd ag ef i lawr i Garej Dic Jones i'w adnewyddu. Rwy'n eistedd ar y sgiw yng nghornel y gegin, fy mhen mewn llyfr. Enw'r llyfr yw *Cerddi'r Barbwr* a'r awdur yw Jac Olifer. Rwyf wedi gweld Jac ar lwyfan Neuadd yr Eglwys mewn cyngherddau yn croesawu'r bois 'nôl o'r Rhyfel. Un da yw Jac. Mae e'n ddoniol iawn ac yn medru gwneud triciau o bob math. Rwy'n gwybod rhai o'i ganeuon ar fy nghof, yn enwedig honno am Hitler:

> Bydd Hitler cyn bo hir,
> Bydd Hitler cyn bo hir,
> Tu fewn i furiau'r carchar,
> Bydd Hitler cyn bo hir.

Rwy'n cofio Sioni a Iori yn un o gyngherddau Jac yn canu honna. Trof at y gân. Mae hi ar dudalen 38. Ond dim ond gweld y geiriau a wnaf. Rwy'n syllu bob yn ail funud ar y cloc sy'n tician yn drwm ar y wal uwchlaw'r silff-ben-tân. Mor araf mae'r bys hir yn symud ac nid yw'r bys byr yn ymddangos fel petai'n symud o gwbl.

O'm cwmpas mae tincian llestri a llwyau a chyllyll gan fod un o'm hwyth chwaer, Beti, siŵr o fod, yn hulio'r bwrdd. Llestri ar gyfer un. Un cwpan, un soser, un llwy de, un gyllell ac, ar blât mawr, bedair tafell o fara menyn. Ar y tân mae'r tegell yn hisian ac yn tasgu diferion i'r fflamau sy'n llyfu ei din gan orfodi'r gath swrth sy'n hepian ger y ffender i symud. Mae Beti'n gosod clwtyn am ddolen y tegell, yn ei godi ac yn arllwys ei gynnwys i fol y tebot, lle mae hi eisoes wedi tywallt tair llwyaid o de Ty-Phoo. Mae cwmwl o stêm yn codi wrth iddi droi cynnwys y tebot cyn gosod cap am ei ben i gadw'r te yn gynnes.

Mor araf mae'r amser yn symud. Mae fy ngolygon yn symud o'r llyfr i'r cloc, o'r cloc i'r llyfr. Ble mae e?

Yna daw gwên i fy wyneb. Clywaf sŵn injan yr Austin 7 yn troi i mewn o'r ffordd fawr i'r iard gefn. Mae'n stopio. Diffydd sŵn yr injan. Clywaf glep drws y car ac yna sŵn traed yn dynesu. Mae Teifi'r ast yn cyfarth ond yn tawelu wrth i'r drws cefn agor. Mae hi'n edrych i fyny ac yn siglo'i chynffon yn groesawgar. Ac yno, wedi'i fframio yn y drws, saif Nhad, ei focs bwyd o dan un fraich, ei fflasg de mewn un llaw ac o dan y fraich arall, copi'r dydd o'r *Daily Herald*. Heb dorri gair mae'n taflu'r papur tuag ataf a minnau'n ei ddal.

Am hyn rwy wedi bod yn aros. Y *Daily Herald*. Ein papur ni yw'r *Daily Herald*. Mae Nhad yn ei gasglu bob bore yn Siop Richard Rees. Yn y siop ni wna ond edrych yn frysiog ar y stori flaen. Aiff yn ddadl. Rhyddfrydwr yw Richard Rees. Llafur yw Nhad. A phapur Nhad yw'r *Daily Herald*. Ac, o'r herwydd, dyma fy mhapur i hefyd. Rwy'n gorwedd ar y llawr o flaen y lle tân ac yn lledaenu'r papur ar yr oelcloth oer. Ac am yr hanner awr nesaf byddaf yn ei ddarllen yn awchus. Na, nid ei ddarllen ond ei ddifetha bennawd wrth bennawd, gair wrth air, colofn wrth golofn, llun wrth lun. Ac yn credu pob gair.

Y *Daily Herald* yw fy mara beunyddiol. Hwn yw anadl fy einioes. Dyma waed fy ngwythiennau a churiad fy nghalon. Darllenaf fod America wedi penderfynu benthyca arian mawr i Brydain. Gwelaf fod bara wedi'i ddogni. Naw wfft i hynny. Gall Mam neu Beti wneud bara. Yn Jerwsalem mae rhywrai wedi ffrwydro un o ganolfannau Prydain. Mewn lle o'r enw Bikini mae America wedi ffrwydro rhywbeth sy'n cael ei alw'n fom atomig. Cyn belled ag y medraf gofio, roedd a wnelo Hiroshima a Nagasaki rywbeth â bom atomig. Ond dim ond geiriau yw'r rheiny, geiriau na fedraf hyd yn oed eu hynganu. Darllenaf y storïau ond prin fy mod i'n eu deall.

Wrth y bwrdd mae Nhad yn troi ei de. Yna mae'n llyfu'r llwy cyn ei hailddefnyddio fel pâl i godi pen ei wy. Mae'r wy yn berffaith – heb fod yn rhedeg na chwaith yn rhy galed. 'Da iawn, Beti,' meddai Nhad.

Caf lonydd ganddo i bori drwy'r papur. Mae ef eisoes wedi'i ddarllen adeg te deg wrth iddo eistedd ar ryw glawdd neu'i gilydd yn sipian cynnwys ei fflasg o'r caead. Arolygwr ffyrdd yw Nhad. Erbyn ei awr ginio gall adrodd cynnwys y papur o glawr i glawr wrth rai o Fois yr Hewl sydd dan ei ofal. Ym mhresenoldeb Nhad maen nhw i gyd yn Blaid Lafur. Ond mae gen i amheuaeth mai Rhyddfrydwyr yw'r rhan fwyaf ohonynt, ac mae Nhad yn casáu 'blydi Librals'. Yn awr, wrth ddifa'i wy mae'n taflu ambell olwg ddigon gwerthfawrogol tuag ataf. Teimla'n falch fod rhywun mor ifanc â'i fab, y cyw melyn olaf, yn medru mwynhau hoff bapur ei dad.

Mae hi'n ddydd Llun, 13 Mehefin, 1946. Mae'r Rhyfel drosodd ers blwyddyn ac rwy'n saith oed.

Yn y Dechreuad

Canaf folawd yn awr i'r dyn cyntefig hwnnw naw mil o flynyddoedd yn ôl a roddodd gychwyn i ysgrifennu. Tra oedd menywod y cyfnod yn rhy brysur yn siarad, aeth hwn – pwy bynnag ydoedd – ati i wasgu cregyn a cherrig mân i mewn i haenen o glai gan adael eu siâp yn y clai hwnnw. Dyna, yn ôl y gwybodusion, gychwyn cofnodi gwybodaeth heb orfod yngan geiriau, neu yn hytrach gyfarth ebychiadau. Dyna oedd cychwyn y wasg.

Y cyfan a wyddom am yr hac cyntefig hwn yw ei fod yn hanu o dras Swmeraidd ac yn byw yn Uruk ym Mesopotamia, yn y wlad a elwir heddiw yn Irac, lle gwnaeth Bush a Blair fes-o-go-damia o bethau. Mae'n wir fod rhywrai cyn hynny wedi gadael rhyw ysgythriadau ar wynebau cerrig a chreigiau tra bod eraill wedi cofnodi golygfeydd eu hoes ar waliau ogofâu. Ond y dyn â'r cregyn a'r cerrig mân a'r clai oedd y cyntaf i greu symbolau dealladwy drwy gyfrwng gwasg. A'r wasg oedd pwysau ei fysedd wrth wthio'r cregyn a'r cerrig mân i mewn i'r clai.

Beth oedd y gair cyntaf, tybed, i'w wasgu i'r clai? Beth oedd y frawddeg gyntaf? 'Mae'n tîm cicio cerrig ni'n crap,' hwyrach. Neu, 'Pam mae Pobol y Kumbh mor uffernol?' Neu, 'Does bygyr ôl ar S4C, oes e?'

Fe âi canrifoedd heibio, wrth gwrs, cyn i neb gyhoeddi'r papur newydd cyntaf. Sy'n codi cwestiwn mawr. Cyn dyfodiad papurau newydd, beth a ddefnyddid i lapio tships? A chwestiwn arall: beth ddaeth gyntaf, tships neu bapurau newydd? Mae un peth yn saff. Ni chafwyd rhifyn dyddiol o'r *Daily Ugh* na'r *Sunday Ogh* naw mil o flynyddoedd yn ôl. Aeth neb i'r drafferth o ddosbarthu darnau o glai o ogof i ogof fel y câi'r trigolion wybod canlyniad y gêm fawr rhwng Ungi United ac Angi Rovers. A hyd y gwyddom, ni chafwyd hanes mewn clai am bennaeth y llwyth yn goresgyn y bobl a drigai yn y goedwig nesaf am fod gan filwyr y llwyth hwnnw bicelli mwy o faint. Ond cafwyd tystiolaeth mai pobl wledig oedd y Northcliffes a'r Beaverbrooks cyntaf. A phrif destun yr hanesion a gâi eu cofnodi gan y marciau yn y clai oedd sefyllfa'r cnydau grawn. A chan fod grawn yn gysylltiedig â chwrw, credir mai tancwyr cynnar oedd y newyddiadurwyr cyntefig hyn. Mae hyn yn profi unwaith eto nad oes dim dan haul yn newid nac yn newydd. Roedd gan y chwedlonol '*Lunchtime O'Booze*' hynafiaid teilwng filoedd o flynyddoedd yn ôl.

Cwestiwn oesol arall. Pan ddyfeisiwyd y papur cyntaf yn Tsieina, 'nôl yn 105 Oed Crist, beth wnaeth y dyfeisiwr hwnnw ag ef? Argraffu arno? Ei ddefnyddio i bapuro'r wal? Haws credu iddo'i ddefnyddio fel papur tŷ bach, tynged pob papur cyn dyfodiad moethau megis Andrex. Gwn am un newyddiadurwr o Gymro, yn ôl ei gyfaddefiad ei hun, a ddaliwyd mewn argyfwng yn ei stafell wely mewn llety. Yr unig ateb fu gwneud ei fusnes mewn copi o'r *South Wales Evening Post*, y papur a'i cyflogai. Wedi iddo orffen, plygodd y tudalennau'n ofalus a thaflu'r bwndel a'i gynnwys drwy ffenest ei stafell i'r ardd islaw. Pan gododd y bore wedyn, cafodd rybudd i adael ar fyrder gan ei letywraig. Gofynnodd am esboniad.

'Fe wyddost yn iawn,' meddai'r lletywraig. 'Rwy newydd weld be sydd yn y *South Wales Evening Post* yn yr ardd.'

Ymateb y gohebydd anffodus oedd, 'Mrs Jones fach,

peidiwch byth â chredu'r hyn welwch chi yn y *South Wales Evening Post.*'

Ni fedraf ddychmygu byd heb bapur newydd, er bod y cynnwys, yn aml, yn cyfateb i'r hyn a gafwyd yn y copi o'r *South Wales Evening Post* hwnnw yn yr ardd. Fe fedrwn i'n hawdd fyw mewn byd heb deledu. Fe fedrwn i – er y byddai'n anodd – ddygymod â byd heb radio petai raid. Ond byd heb bapur newydd, byddai fel byw mewn byd heb olau dydd, byd heb gân aderyn, byd heb arogl cig oen yn rhostio.

Os yw'r honiad am y cyw a fegir yn uffern yn wir, yna mae'r un mor wir i ddweud fod y cyw a fegir yn y nefoedd yn awyddus i aros yno. Y gair printiedig oedd – ac yw – fy nefoedd i. Nhad a'r *Daily Herald* sy'n gyfrifol am hynny.

Yn ifanc, wyddwn i ddim beth oedd gogwydd gwleidyddol. Dim ond y Blaid Lafur oedd yn bod. A 'blydi Librals' Nhad. Doeddwn i erioed wedi gweld y fath anifail â Thori. Yn wir, roeddwn i yn fy arddegau hwyr cyn i mi sylweddoli nad oedd Tori yn edrych yn wahanol i unrhyw un arall. Y Tori cydnabyddedig cyntaf i mi ei weld oedd Syr David Gibson Watt, a oedd yn canfasio dros yr ymgeisydd Torïaidd yng Ngheredigion. A synnais o weld nad oedd ganddo gyrnau bob ochr i'w dalcen.

Gwyddwn, wrth gwrs, fod Nhad yn cefnogi'r Blaid Lafur a'i fod yn addoli Clement Attlee. Cofiaf yn dda'r darlun o Gabinet y Blaid Lafur yn dilyn buddugoliaeth Etholiad Cyffredinol 1945 a grogai ar wal stafell wely rhai o'm chwiorydd. Cofiaf y pleser ar wyneb Nhad yng ngwledd briodas Mary, fy chwaer, a'i gŵr, Denny, yn y Llew Du yn Llambed. Fi oedd yr unig blentyn yno, a'r gweinydd, wrth arllwys gwin i bawb arall yn arllwys i mi ddiod digon tebyg ond ei fod, yn naturiol, yn ddi-alcohol. Rhyw Vimto cyntefig, siŵr o fod. Gwenodd wrth ei dywallt gan fy sicrhau mai dyma oedd hoff ddiod

Churchill. Minnau'n gwthio'r gwydr yn ôl tuag ato a dweud wrtho am fynd â'r ddiod i ffwrdd a dychwelyd gyda hoff ddiod Attlee. Wyddwn i ddim pwy oedd Attlee, ond gwyddwn ei fod yn arwr i Nhad ac yntau wedi'i blesio'n arw gan fy ateb.

Rheswm arall dros fy nghariad at bapurau newydd oedd i mi gynorthwyo Dan, fy mrawd hynaf, i ddosbarthu papurau dydd Sul o gwmpas yr ardal pan oeddwn yn fy arddegau cynnar. Diolch i natur hamddenol Dan, a gynhaliai sgwrs â phawb ar y rownd, cawn gyfle i ddarllen pob papur a chomic oedd yn yr hen fan Bradford Jowett. Bryd hynny, byddai dydd Sul yn farathon o ddiwrnod i mi. Gadael Pontrhydfendigaid am wyth i gasglu'r bwndeli papurau o'r Orsaf Reilffordd yn Aberystwyth ac yna cychwyn y rownd gyda Mrs James Bont-fach ar ôl pasio drwy'r Trawscoed. Ymlaen wedyn am Dy'n-y-graig ac Ystrad Meurig, troi ar Bont Meurig am Ffair Rhos ac i lawr am Bontrhydfendigaid. Ac ar ôl gorffen yn y pentref, cinio hwyr yng nghartref Dan a'i wraig, Gwen. A hwnnw'n ginio tywysogaidd. Cig eidion fel arfer, tafelli coch, trwchus o'r cig gorau, gwahanol lysiau a thatws a grefi – a grefi Gwen bob amser yn dywyll fel Ginis, ac yn dew. Am hanner awr medrwn anghofio am y papurau nad oeddwn wedi eu darllen.

Wedi cinio, draw â ni yn ôl drwy Ystrad Meurig am Swyddffynnon a chychwyn yn Nhynbanadl gyda Wil. Arweiniai lôn tua dau gan llathen tua'r tŷ, ac os Dan a âi â'r papur i Wil – y *News of the World* – fe fyddai yno am tua awr weithiau, gan fy ngadael i â'm pen mewn papur. Ymlaen am Swyddffynnon a galw yn y tŷ capel gyda'm cefnder, Ifan Ebenezer. Yna parcio ar y sgwâr, a chorn eidionnaidd ei fref yr hen Bradford yn galw'r ffyddloniaid i'r dyfroedd newyddiadurol. Yna ymlaen am y Berth, gan alw yma ac acw ar y ffordd. Byddem yn gadael papur ar ben lôn ambell fferm, mewn hen ffwrn wedi ei haddasu'n fath o gwpwrdd. Yn y Berth byddai gan Dan dŷ galw arall lle treuliai o leiaf hanner awr yn rhoi'r byd yn ei le gyda hen wraig a adwaenem fel Mam-gu, er nad oedd hi'n perthyn i mi o'r nawfed ach.

Ar y ffordd am Dregaron, cyn croesi Pont Einon, byddem bob amser yn canfod hen gymeriad rhadlon, Jonathan, ar ei ffordd adref o'r capel. Stop gyda Jonathan, ac yntau, fel Wil Tynbanadl, yn prynu'r *News of the World* ac yna'n ei guddio o dan ei gôt. Roedd Jonathan yn ddynwaredwr tan gamp a cheir hanesyn amdano unwaith, yn lobi'r capel adeg yr eisteddfod flynyddol, yn cael ei bryfocio gan griw o ferched ifainc. Roeddent am weld Jonathan yn dynwared hyn a'r llall.

'Dynwaredwch y twrci, Jonathan,' meddai un ferch, yn ddigon powld.

A Jonathan yn ateb yn hamddenol, 'Cwtsiwch lawr 'te, 'merch fach i.'

Ymlaen â ni trwy Dregaron gan ailgydio yn y rownd gydag Islwyn Treflyn, a oedd yn fardd lleol, ac yna gyda Lewis Teifi Pŵls ym Mwthyn Maes Llyn. Roedd Lewis yn gyn-giper yn ardal Llynnoedd Teifi. Colli hanner awr yno eto. Ac wrth iddi ddechrau nosi, diolchwn i Dduw fod gan Dan olau yn ei fan er mwyn imi gael parhau â'r darllen.

Cyrraedd Dôl-yr-ychain tua saith, a Dan yn galw'n bersonol yno. Gwyddwn fod gen i awr arall i ddarllen drwy'r papurau tra byddai fy mrawd yn sgwrsio â Nans a'i mam ac â Gwilym, y gwas. Cyrraedd adref tua wyth – ar ôl deuddeg awr ar y ffordd – wedi llwyr ymlâdd ond wedi darllen pob gair ar bob tudalen o bob papur Sul. A chredu pob gair o'u cynnwys!

Mae rhai o'm hoff bapurau dydd Sul o'r cyfnod hwnnw wedi eu hen gladdu. Dyna i chi'r *Reynolds News*, hoff bapur John Morgan Gifach-y-dwn Fawr. Roedd John, druan, yn dioddef yn arw o atal dweud. Ac er y gwyddwn yn iawn pa bapur a fynnai, byddwn bob amser yn cymryd arnaf na wyddwn gan ofyn iddo pa Sulyn a ddymunai. A John, druan, yn swnio fel injan motor-beic tŵ-strôc yn methu tanio wrth fynd, 'Ren . . . Ren . . . Ren . . . Renolds Niws' nes bod ei wyneb yn biws. A diolch i atal dweud yr hen John, medraf gofio hyd heddiw beth oedd pris y papur, 'Un gein . . . gein . . . gein . . . iog . . . ar ddeg.'

Roedd gan hoff bapur John Morgan golofnwyr da fel J. B. Priestley a Tom Driberg, ond erbyn 1962 roedd y cylchrediad wedi disgyn i 300,000. Trodd, felly, i fod yn *Sunday Citizen* a newidiodd ei ffurf i dabloid. Erbyn diwedd 1965 roedd cylchrediad y *Citizen* i lawr i 230,000. Papur sosialaidd oedd y *Citizen*, fel ei ragflaenydd a gafodd gefnogaeth y Mudiad Cydweithredol. Ond pan ddaeth yn fater o achub y papur, troi eu cefnau wnaeth pawb o gefnogwyr honedig papur y werin, gan gynnwys y Prif Weinidog, Harold Wilson.

Roedd Wilson wedi addo y deuai'r Llywodraeth i'r adwy petai unrhyw bapur newydd, yn arbennig un sosialaidd, mewn trafferthion ariannol. Ond pan aeth y Mudiad Cydweithredol at y Llywodraeth i ofyn am help i'r papur, fe newidiodd Wilson ei feddwl gan gyhoeddi y dylai'r diwydiant ofalu amdano'i hun. Eironi'r sefyllfa oedd i'r papur, ar drothwy cau ym mis Mehefin 1967, ennill mwy o arian hysbysebu nag a wnaethai erioed – oddi wrth bapurau eraill a gariodd hysbysebion er mwyn ceisio ennill darllenwyr y *Citizen* i'w corlannau eu hunain.

Ergyd arall i'r diwydiant fu streic gyffredinol argraffwyr ym mis Mehefin, 1970. Bu'n rhaid i'r diwydiant greu pecyn gwerth £5 miliwn cyn bodloni'r gweithwyr. Daeth nifer o newyddiadurwyr allan mewn cefnogaeth, ac fel aelod ffyddlon o Undeb y Newyddiadurwyr, roeddwn i yn eu plith.

Un arall a ddiflannodd oedd yr *Empire News*. Hoffwn yn hwnnw yn arbennig golofn reolaidd Keidrych Rhys. (Yn Eisteddfod Genedlaethol Caernarfon 1959 cyfarfûm ag ef a Robin Day yn nhafarn y Black Boy.) Roedd y *Sunday Chronicle* eisoes wedi cael ei lyncu gan yr *Empire News* yn 1955 ac er bod ei gylchrediad yn ddwy filiwn, caeodd hwnnw wedyn yn 1960 wrth iddo, yn ei dro, gael ei lyncu gan y *News of the World*. Yn ystod yr un flwyddyn, caeodd y *Sunday Graphic*.

Wedi'r holl ddarllen a dosbarthu papurau newydd roedd inc yn fy ngwaed a mwy fyth ar fy mysedd. Pan awn i'r pictiwrs yn Neuadd yr Eglwys yn y Bont a gweld ffilm gangsters Americanaidd, nid Eliott Ness na hyd yn oed Al Capone – er i mi fod yn hoff o wrth-arwyr erioed – fyddai'n dwyn fy sylw ond y newyddiadurwr â thocyn y wasg yn sticio yn rhwymyn ei het Fedora a'r fflasg wisgi yn ei boced tin, neu yn ei boced rhech, chwedl fy nghefnder, Tom Aberdŵr. Pan awn i weld gêm bêl-droed bwysig ar Goedlan y Parc yn Aberystwyth byddwn yn eiddigeddus o Doug Wright o'r *Cambrian News* wrth ei weld yn gwneud nodiadau mewn llaw-fer wrth swatio yn yr eisteddle. Gwisgai got frown croen dafad a smociai bib. Ac ar ddiwedd gêm fe'i gwelwn yn cael mynediad i'r stafelloedd newid. Wnes i ddim dychmygu y byddwn, mewn fawr o dro, yn gweithio iddo.

Dechrau'r pumdegau oedd hyn, a minnau eisoes wedi cael blas ar ysgrifennu. Cyfrannwn ambell stori i bapur y Coleg yn Aber, cyfnod cyn peiriannau recordio, pan oedd llaw-fer yn gelfyddyd angenrheidiol. Wnes i erioed feistroli'r gelfyddyd honno ond edmygwn y rheiny a wnaeth. A'r gorau a welais erioed oedd Gerald Williams o'r *Daily Post*. Mor gyflym y gwibiai ei feiro fel y tystiaf fod

Gerald weithiau ar y blaen i'r siaradwr. Ni chefais erioed wers mewn llaw-fer ond fe lwyddais i fabwysiadu dull o dalfyru geiriau a oedd yn unigryw i mi fy hun. Ymddangosai fel petai pry cop wedi disgyn i botel inc, wedi llwyddo i ddringo allan ac yna lusgo'i hun ar draws y dudalen. Yn anffodus, roedd fy ysgrifen arferol yn annealladwy beth bynnag, heb sôn am fy ymgais i ddefnyddio llaw-fer. Haws fuasai deall olion cregyn y gohebydd cyntefig hwnnw neu farciau Ogam rhyw hen Dderwydd meddw.

Dyfalbarhad a sicrhaodd y gwnawn wireddu fy mreuddwyd o gael bod yn newyddiadurwr. A minnau'n pydru y tu ôl i ddesg yn Llyfrgell y Coleg am saith mlynedd, cychwynnwyd menter fawr yn y Bont. Diolch i waddol Syr David James, crëwyd Eisteddfodau Pantyfedwen. Bachgen lleol a wnaeth yn dda drosto'i hun oedd Syr David James. Symudodd yn gynnar yn ei fywyd i Lundain lle taflodd ei fara ar wyneb y dyfroedd – ond gan sicrhau yn gyntaf, fel pob Cardi da, fod y llanw ar ei ffordd i mewn. Mentrodd yn y marchnadoedd arian. Prynodd a gwerthodd fusnesau grawn, a oedd mor allweddol i'r bragdai mawr, a sefydlodd gadwyn o sinemâu. Fe'i beirniadwyd gan lawer am greu rhyw anghenfil o ŵyl, ond chwarae teg iddo, nid anghofiodd ei wreiddiau, sy'n fwy nag y gellir ei ddweud am lawer i ddyn busnes.

Diddorol yw nodi yma i Syr David sefydlu tair o eisteddfodau mawr yn Sir Aberteifi am iddo gael ei siomi gan yr Eisteddfod Genedlaethol. Roedd y Cymro Llundeinig hael wedi cynnig swm sylweddol i'r Brifwyl ar yr amod y ceid un diwrnod Saesneg. Er tragwyddol glod i'r Cyngor, gwrthodwyd y cais. Fe bwdodd y miliwnydd ac aeth ati i sefydlu gŵyl anferth yn ei henfro.

Wrth i fenter gyntaf Pantyfedwen agosáu, menter a gynigiai gyfanswm o £7,500 mewn gwobrau – arian anferth 'nôl yn 1964 – euthum ati i ysgrifennu llith am y fenter honno i'r *Cambrian News*, a hynny ar sbec. Ni chyhoeddwyd y stori yn ei ffurf wreiddiol – yn un peth, roedd hi'n llawer rhy faith a rhy ddadleuol. Ond ni wnaeth y golygydd, Doug Wright, anghofio amdanaf. Dair blynedd yn ddiweddarach cynigiodd i mi swydd fel gohebydd a golygydd Cymraeg y papur.

Oeddwn, roeddwn i'n ohebydd papur newydd. Yn sydyn roedd y byd i gyd yn gân. Ac fel y dihafal Syr Wynff ap Concord, diolch, diolch, oedd y gân honno.

Am fy nghydymaith newyddiadurol cyntaf, y *Daily Herald*, wyddwn i ddim ar y pryd pa mor bell yr aeth hwnnw i sicrhau buddugoliaeth i'r Blaid Lafur yn 1945. Oedd, roedd yr *Express* a'r *Mail* yn giaidd eu penawdau, gyda'r *Express,* yn arbennig, yn cyhoeddi y byddai buddugoliaeth i'r sosialwyr yn creu Gestapo ym Mhrydain. Ond doedd y *Mirror* a'r *Herald* ddim ar ôl gyda'u propaganda du. Byddai pleidlais dros Churchill, meddai'r *Herald*, yn bleidlais dros Franco. Fel plentyn, wrth gwrs, fe gredwn bob gair o'r *Herald*.

Erbyn 1950, fodd bynnag, roedd fy hoff bapur mewn trafferthion. Ailwampiwyd ef o ran diwyg ond heb unrhyw lwyddiant. Caewyd swyddfeydd ym Mharis a Berlin, dilewyd swydd y golygydd tramor ond disgynnodd y cylchrediad o dan ddwy filiwn. Ac yn 1953 ymddiswyddodd y golygydd, Hugh Cudlipp, heb unrhyw rybudd. Gwaethygu wnaeth y sefyllfa o dan ei olynydd, Sydney Elliot, a throdd llawer o'r sosialwyr go iawn ymhlith y darllenwyr eu cefn pan gefnodd y papur ar Bevan a'i griw. I bob pwrpas, llyncwyd yr *Herald* gan y *Mirror*. Ac er i'r *Herald* elwa pan gaeodd y *Chronicle* yn 1961, roedd yr ysgrifen ar y mur.

Bu farw'r *Herald* ar 14 Medi, 1964, ddwy flynedd wedi marw Nhad. Trannoeth i dranc ei hoff bapur, ganwyd ei olynydd a lansiwyd gyda'r pennawd, 'Bore da! Ydi, mae'n bryd cael papur newydd . . . Dyma'r *Sun*!' Do, fe wawriodd yr 'Haul', ac o'i wawr gyntaf prin i mi golli rhifyn. Fe fu'n ffasiynol i wawdio'r *Sun*. Yna cafwyd rhyw fath ar snobyddiaeth gwrthdroëdig wrth i'r crach newyddiadurol heidio i ganmol beiddgarwch y papur. Gwelodd y perchennog, Rupert Murdoch, yn dda i benodi Kelvin MacKenzie fel golygydd. A than ei arweiniad amheus ef crëwyd papur newydd nas gwelwyd ei fath erioed o'r blaen.

Roedd MacKenzie yn arloeswr a oedd yn fwrlwm o syniadau. Ac yn ystod ei deyrnasiad o 13 mlynedd ni feddyliai ddwywaith cyn dwyn syniadau papurau eraill. Fe ddwynodd y syniad o Bingo dyddiol oddi ar y *Star*. Llwyddodd fwy nag unwaith i dorri i mewn i gyfrifiadur y *News of the World* a dwyn prif storïau'r papur hwnnw. Ac ef, wrth gwrs, ddechreuodd osod lluniau menywod bronnoeth ar Dudalen Tri. Gyda llaw, un o'r cynghorion cyntaf gefais i pan ymunais â'r *Cambrian News* oedd i mi gofio mai dau beth pwysig ar dudalen flaen a wnâi werthu papur – llun pâr o fronnau (iawn, rwy'n gwybod bod y rheiny'n ddau beth) neu lun oen bach. Doedd dim llawer o ferched yn ardal Aberystwyth a fyddai'n fodlon dangos bronnau noeth. O leiaf, ddim yn gyhoeddus ac yn ddi-dâl. Ond roedd yno ddigon o ŵyn bach.

Doedd geirwiredd stori ddim yn poeni llawer ar MacKenzie, chwaith. Credai yn yr hen ddihareb honno na ddylai'r gwir amharu ar stori dda. O dan MacKenzie cafwyd mwy o gwynion i Gyngor y Wasg am y *Sun* nag am unrhyw bapur arall mewn hanes. Derbyniwyd 22 o gwynion yn 1987 yn unig, gyda chynifer â 15 ohonynt yn cael eu profi. Aeth mor bell â chyhoeddi araith Nadolig y Frenhines ddeuddydd cyn i'r Hen Ladi ei hun wneud hynny. I Iwyïach mai'r achos mwyaf oedd hwnnw wnaeth

Elton John ei ddwyn yn erbyn y papur wedi i'r *Sun* ei gyhuddo o arferion gwrywgydiol anllad. Costiodd yr achos iawndal o £85,000 a chostau cyfreithiol o filiwn o bunnau i'r papur.

Ond yr hyn a drodd y *Sun* o fod yn gyff gwawd i'r sylweddoliad fod ganddo ddylanwad gwirioneddol oedd y modd y llwyddodd Rupert Murdoch i ennill bendith rhai o'r prif arweinwyr gwleidyddol. Does dim dadl mai'r *Sun* a drodd y fantol yn erbyn Neil Kinnock cyn etholiad 1992. Pwy all anghofio'r sach awyr Cymreig – disgrifiad y *Sun* ohono, nid fy un i (fe fyddwn i'n ei ddisgrifio fel llond sach o rywbeth arall) – yn dathlu yn Sheffield ar noswyl yr etholiad a'i ebychiadau buddugoliaethus, '*Well it's all right! Well it's all right!*' Ddim ond i'r *Sun* y bore wedyn dynnu'r gwynt o'i fag gyda'r pennawd tudalen flaen, 'Os wnaiff Neil Kinnock ennill heddiw, a wnaiff yr olaf i adael Prydain ddiffodd y golau, os gwelwch yn dda.' Wedi i Lafur golli, aeth pennawd y *Sun* y bore wedyn yn rhan o chwedloniaeth newyddiaduraeth, '*It's the* Sun *wot won it!*' A gwir y pennawd. Dangosodd ymchwil gan newydd-iadurwr o'r *Guardian* i ymateb y *Sun* i'r Blaid Lafur, ac i Kinnock yn arbennig, fod yn gyfrifol am swing o wyth y cant ymhlith darllenwyr a oedd cyn hynny'n bwriadu pleidleisio i'r Blaid Lafur.

Erbyn yr etholiad cyffredinol nesaf roedd y papur wedi newid ei got wleidyddol. Ond gwir yr hen ddywediad hwnnw nad oes yna'r fath beth yn bodoli â chinio rhad ac am ddim. Talodd Tony Blair am y ffafr drwy gael ei 'berswadio' i gefnogi'r syniad o ddiddymu'r rheolau a waharddai berchnogaeth rhyng-gyfryngol, gan roi i Murdoch y cyfle i ehangu ei ddaliadau teledu ym Mhrydain. Ie, cân di'th gân fwyn i'th nain ac fe gân dy nain i tithau.

Wrth gwrs, mae unrhyw bapur newydd sy'n byw ar yr

ymylon weithiau'n disgyn dros y dibyn. Ac fe aeth y *Sun* gam yn rhy bell ym mis Ebrill 1989 yn dilyn trychineb Hillsborough pan wasgwyd 99 o gefnogwyr pêl-droed Lerpwl i farwolaeth. Pennawd y papur bedwar diwrnod yn ddiweddarach, oedd 'Y Gwir'. A'r gwir, yn ôl y *Sun,* oedd mai cefnogwyr meddw Lerpwl a arweiniodd at y drychineb gan eu cyhuddo o biso ar blismyn a dwyn oddi ar rai o'r meirwon. O fewn wythnos collodd y papur 200,000 o'i ddarllenwyr. Er mawr glod iddo ni cheisiodd MacKenzie osgoi'r bai. Derbyniodd y cyfrifoldeb yn llwyr.

Petai Nhad yn fyw nawr ni allaf ei ddychmygu yn darllen disgynnydd yr *Herald.* Fedra i ddim credu chwaith y byddai'n gefnogol i Brif Weinidog a fradychodd yr holl egwyddorion sosialaidd a oedd mor agos at ei galon. Fel un a oedd yn teimlo fod Stalin yn arwr, prin y byddai'n closio at rywun a oedd ym mhoced Arlywydd America. I Nhad, yr Americanwr oedd yr Anghrist. Dim rhyfedd ei fod yn gymaint o ffrind i Niclas y Glais, felly. Cofiaf ef yn dda wrth y bwrdd swper un noson yn pori drwy ei hoff bapur ddyddiau wedi i America fynd i ryfel yn erbyn Korea,

'Credwch chi fi, mae'r blydi Iancs yn mynd i ddechre Rhyfel Byd arall.' Dyna oedd ei eiriau bryd hynny, ac er na chafwyd, diolch i Dduw, Ryfel Byd arall, tybiaf mai dyna fyddai ei rybudd heddiw. Mae'n atgoffa rhywun o'r llinell honno o'r ddrama *Julius Caesar* gan Shakespeare wedi'r broffwydoliaeth y câi Cesar ei ladd ar 15 Mawrth, a'r hen Iŵl yn wfftio'r rhybudd wedi i'r diwrnod tyngedfennol gyrraedd,

'*The ides of March are come . . .* ' meddai Cesar.

'*Ay,*' atebodd y Daroganwr, '*but not gone.*'

Mae'r byd wedi symud ymlaen gryn dipyn o'r dyddiau pan mai cerrig mân a chregyn yn cael eu gwasgu i haenen o glai oedd gwasg newyddiadurol. Ond yn foesol ac yn ysbrydol prin i newyddiaduraeth symud ymlaen un fodfedd. Yn wir, fe symudodd yn ôl. Beth yw swm dysg wedi miliwn a mwy o flynyddoedd dyn ar y ddaear? Fe drodd dyn o addoli'r haul i addoli'r *Sun*. Ac rwyf innau ymhlith yr haul-addolwyr hynny.

Tipyn o Gerdyn

Un o'r pethau a drysoraf fwyaf yw fy ngherdyn undeb. Ymunais ag Undeb y Newyddiadurwyr yn ôl yn 1968 ac yn 1998 derbyniais yr anrhydedd o gael bod yn aelod oes wedi i mi fod yn perthyn i'r NUJ am ddeng mlynedd ar hugain. Un o fendithion cael bod yn un o'r dethol rai yw nad oes angen i mi bellach dalu fy ffi aelodaeth. Ac i Gardi mae hynny'n fonws.

I newyddiadurwr mae cerdyn NUJ yn gyfystyr â cherdyn Equity i actor. Gall agor drws i bob math o lefydd annisgwyl, o gael mynediad i achos mewn llys barn i wylio Morgannwg yn chwarae criced. A phan mae angen prawf adnabyddiaeth mae'r hen gerdyn annwyl yn gwneud y gwaith y mae'r Llywodraeth ar hyn o bryd am ei weld yn cael ei gyflawni gan gardiau adnabod cyffredinol ar gyfer pawb ohonom. A ninnau, wrth gwrs, yn nhraddodiad gorau sosialaeth y Blaid Lafur yn gorfod talu am y fraint o'u cario.

Yn fuan wedi i mi ymuno â staff y *Cambrian News* ddiwedd 1967 enwebwyd fi fel darpar-aelod o'r undeb. Bryd hynny roedd pob newyddiadurwr amser llawn ar y papur yn aelod, tua hanner dwsin ohonom yn y brif swyddfa ynghyd ag unigolion mewn canolfannau fel y Bermo, Porthmadog, Pwllheli a Llambed. Roedd ffotograffwyr hefyd yn aelodau. Rhwng pawb cofiaf o leiaf ddwsin yn mynychu'r cyfarfodydd misol yn rheolaidd pan ddeuai John Morgan, ysgrifennydd yr Undeb yng Ngorllewin Cymru, i ymweld â ni. Byddem yn cyfarfod

27

fynychaf ym mar cefn yr Hen Lew Du yn Aberystwyth. Bellach ni chredaf fod mwy na thri ohonom o Ranbarth Aberystwyth ac Arfordir y Cambrian yn aelodau.

Roeddwn i wedi dechrau cyfrannu ambell stori i'r *Cambrian News* ymhell cyn i mi gael fy nerbyn fel aelod staff. Canlyniad esgid Thomas Parry yn fy hitio yng nghrwmp fy nhin yng Ngholeg Aber fu'n gyfrifol am i mi orfod troi at weithio mewn llyfrgell. O fewn misoedd i mi fethu – neu ddewis methu – fy arholiadau yn yr ail flwyddyn yn 1960 roeddwn i'n ôl yn y Coleg-ger-y-lli yng nghanol llyfrau. Profiad gwahanol i mi, a dweud y lleiaf, ar ôl hepgor llyfrau o unrhyw fath am ddwy flynedd fel myfyriwr. Pan ddylwn fod yn gweithio fel cynorthwywr llyfrgell byddwn yn llunio ambell epistol ar gyfer y *Cambrian News*, ac yn derbyn swllt y llinell yn dâl am wneud. Ac yn rhyfeddol, profodd trefn rhagluniaeth fawr y Nef i fod yn fendith i mi gan i waith llyfrgellydd agor y drws ar gyfer fy ngwaith newyddiadurol a oedd i ddilyn. Dysgais hanfodion ymchwil, sef dod i wybod sut a ble i ganfod ffynonellau ar gyfer pob pwnc dan haul.

Soniais eisoes mai yno roeddwn i pan gefais y cyfle i fod yn newyddiadurwr go iawn. Yn eistedd yn hamddenol y tu ôl i ddesg y Llyfrgell Ieithoedd Modern oeddwn i ganol Hydref 1967 pan gyfeiriwyd galwad ffôn i mi. Ar y lein roedd Doug Wright, golygydd y *Cambrian News*. Gorlifiant o'r Llyfrgell Gyffredinol oedd y Llyfrgell Ieithoedd Modern mewn gwirionedd: fe'i sefydlwyd yn y stafell eang ar y llawr isaf gyferbyn â'r brif fynedfa, stafell â'i ffenestri helaeth yn edrych allan dros Fae Ceredigion. Yno y symudwyd llyfrau Ffrangeg, Almaeneg, Sbaeneg a Phortiwgaleg i greu un casgliad. Un dydd daeth Gwenallt i mewn i chwilio am ryw lyfr Cymraeg. Minnau'n esbonio wrtho fod y rheiny yn dal i fyny'r llofft yn y

Llyfrgell Gyffredinol. A Gwenallt yn gwenu'n drist ac yn dweud,

'Wrth gwrs, Mistar Ebeneser, dydi'r Gymraeg ddim yn iaith fodern, ydi hi? Fe ddylwn i fod yn gwybod gwell.' Ac allan ag ef gyda'i gamau bach, buan. Mistar Ebeneser fyddwn i bob amser i Gwenallt, gyda phwyslais ar yr 's' yn yr Ebeneser.

Ac yno yn y Llyfrgell Ieithoedd Modern (heb lyfrau Cymraeg) yr oeddwn i pan dderbyniais yr alwad. Yn gwbl ddiseremoni cynigiodd Doug Wright i mi swydd ar y papur. A oedd gen i ddiddordeb? Diddordeb! A yw'r Pab yn Gatholig? Bu bron i mi weiddi'r ateb lawr y lein. Roedd Doug wedi clywed fy mod i wedi cael cyfweliad ar gyfer swydd debyg gan *Y Cymro* ac yr oeddwn i'n dal i ystyried y cynnig o waith. A'r hyn drodd y fantol i gyfeiriad y *Cambrian News* oedd y ffaith y byddwn, o ymuno â'r *Cymro*, yn gorfod symud i ardal Croesoswallt. Ar y *Cambrian News* gallwn deithio o'm cartref yn ddyddiol.

I mi roedd cael bod yn newyddiadurwr yn wireddu breuddwyd – nes i mi glywed mai'r disgwyl oedd i mi olynu Dewi Morgan, Llandre, a oedd yn gryn chwedl yn ardal Aberystwyth .fel gweinidog, bardd a golygydd Cymraeg llym ei feiro ar y papur. Teimlwn yn gwbl annigonol. Dyfnhaodd y teimlad pan sylweddolais mai dau arall o'm rhagflaenwyr oedd T. Glynne Davies a Caradog Prichard. Beunydd clywn hanesion am y ddau yn swyddfa'r newyddiadurwyr. Hanes T. Glynne yn cadw'i lyfrau mewn hen bopty trydan; hanes am Caradog yn cludo llwyth o bapurau newydd ar sgil ei fotor-beic i fyny i'r gogledd a'u colli nhw i gyd yng nghyffiniau Tre Taliesin. Prin y breuddwydiais i bryd hynny y deuwn i adnabod y ddau yn dda.

Gan i mi sôn am Doug Wright ac am adeilad y *Cambrian*

News mewn cyfrolau blaenorol, ni fwriadaf ailadrodd hynny yma, dim ond ategu bod cerdded i mewn i'r swyddfa fel camu yn ôl i fyd Daniel Owen neu Charles Dickens. Doedd y peiriant litho ddim wedi dangos ei drwyn dros riw Penglais, felly'r hen ddull o greu llythrennau o blwm tawdd oedd yn bodoli. Gwynt y plwm tawdd hwnnw fyddai'r arogl cyntaf i daro rhywun o groesi'r trothwy bob bore. Yr ail wynt i'm croesawu fyddai arogl tybaco Old Holborn y golygydd. Roedd gan y papur a ddefnyddid ei arogl ei hun hefyd, arogl nad yw'n bosibl dod yn agos at ei ddisgrifio, rhyw arogl llwydni a wnâi i mi disian.

Yn wahanol i unrhyw olygydd y bu imi ei gyfarfod wedyn, fyddai Doug byth yn mesur stori mewn nifer geiriau. Maint y gofod i'w lenwi fyddai llinyn mesur Doug a dangosai'r maint hwnnw drwy ddal bysedd cyntaf ei ddwy law ar draws, y naill uwchben y llall. Y gofod rhyngddynt fyddai hyd angenrheidiol y stori.

Yn ogystal â golygu hanesion lleol byddai disgwyl i mi hefyd fynychu achosion llys, a hyd yn oed fynd i gyfarfodydd Cyngor Tref Machynlleth am gyfnod. Weithiau cawn ysgrifennu stori nodwedd a chael fy enw o dan y teitl. Teimlwn yn rêl boi ar adegau felly. Ond y dudalen angladdau oedd un o gryfderau'r papur. At honno y byddai'r rhelyw o'r darllenwyr yn troi gyntaf. Caem ein rhybuddio gan Doug wrth olygu adroddiad angladdol i gadw rhestr y galarwyr i lawr i'r teulu agosaf yn unig. Dim cefndryd. Dim cyfnitherod. Na neb a fyddai'n perthyn ymhellach na hynny. Ond pan ddeuai'n fater o olygu rhestr y plethdorchau, anogai ni i ymestyn honno gymaint ag y medrem. Câi enw tŷ yn cynnwys dwy sillaf ei dorri yn ddau air. Câi enwau llawn pob un a gyfrannodd blethdorch eu defnyddio. Roedd y papur yn codi tâl am bob llinell o'r rhestr plethdorchau ond doedd dim un geiniog goch y delyn yn dod i mewn am enwau'r galarwyr.

Bron iawn o'r cychwyn cefais golofn wythnosol i mi fy hunan gan Doug. Enw ysbrydoledig y golofn oedd 'Yma a Thraw', ac ysgrifennwn o dan y ffugenw Teifi. Awgrym Doug oedd i mi ysgrifennu yn anhysbys gan y medrwn ddweud pethau mwy beiddgar na phetawn yn defnyddio fy enw fy hun. Ond roedd rheswm da arall ganddo. Gwyddai, petai'n derbyn cwynion am gynnwys y golofn – ac fe wnaeth, a hynny droeon – y gallai wadu mai barn y papur neu'r staff a gafwyd ynddi.

Dim ond unwaith y galwodd fi i'w swyddfa i esbonio fy hun. Pan gyhoeddwyd gyntaf ddyddiad yr Arwisgo a'r ffaith y byddai Carlo yn dod i Aber, euthum ati i ymosod yn llym ar y penderfyniad, yn ogystal ag ar y Frenhiniaeth fel sefydliad. Gwylltiodd Doug a thorrodd y golofn allan yr wythnos honno.

Roedd gofyn i'r golofn fod yn barod i'w gosod erbyn prynhawn dydd Gwener. Ac ar ddechrau pob prynhawn Gwener byddai Doug yn gwthio'i ben i mewn rhwng y drws a'r ffrâm gan ofyn, 'Is "Thraw" ready yet?'

Er mai prin ddeunaw mis a dreuliais ar y *Cambrian News* fe fu'r hyn a ddysgais yn ystod y cyfnod byr hwnnw yn amhrisiadwy. Credai Doug mewn taflu rhywun yn syth i'r dwfn. Wedyn byddai'n mynd drwy'r storïau â chrib mân gan awgrymu cywiriadau a newidiadau, ac roedd hyn yn bwysig tu hwnt. Mewn llys barn, er enghraifft, roedd rheolau llym ar yr hyn y medrem ac na fedrem adrodd arno. Gallai torri'r rheolau hynny olygu cosb lem i'r gohebydd, i'r cwmni ac i'r golygydd. Teimlaf i mi ddysgu mwy yn y deunaw mis hynny yn fy ngwaith bob dydd nag a fedrwn fod wedi'i ddysgu mewn dwy neu dair blynedd o astudio ffurfiol mewn coleg newyddiaduraeth.

I leddiw mae coleg newyddiaduraeth yn cael ei ystyried

fel rhan hollbwysig o addysg pob newyddiadurwr. Er nad oes gen i wrthwynebiad o gwbwl i golegau neu gyrsiau newyddiadurol teimlaf yn gryf y dylai fod yn orfodol ar newyddiadurwyr i dreulio blwyddyn o waith ar bapur lleol wythnosol neu ddyddiol. Yno mae dysgu seiliau'r sgiliau. Oddi yno y daw'r newyddiadurwyr go iawn o hyd.

Ac o sôn am newyddiadurwyr go iawn, cystal i mi daflu un ysglodyn, neu un baich, chwedl Pantycelyn, oddi ar fy ngwar nawr. Does yna'r un disgrifiad gwaith wedi ei gamddefnyddio yn fwy na'r gair newyddiadurwr yng Nghymru. Adeg gêmau pêl-droed, criced neu rygbi byddai lloc y wasg yn llawn o athrawon neu gyn-athrawon, a'r rheiny'n meddwl y medrent wneud gwaith newyddiadurwyr go iawn. Ac yn yr Eisteddfod Genedlaethol roedd hi'n sefyllfa ryfeddol. Wn i ddim sut mae'r sefyllfa erbyn hyn – ond bryd hynny roedd Stafell y Wasg yn dri chwarter llawn o weinidogion ac athrawon. Ffordd dda, wrth gwrs, o gael tocyn wythnos i'r Brifwyl am ddim. Ond meddyliwch petai'r esgid ar y droed arall. Beth petawn i'n sefyll o flaen dosbarth ac yn dechrau addysgu'r disgyblion! Meddyliwch petawn i yn cael gofalaeth capel neu eglwys heb i mi fynychu coleg diwinyddol! Eto i gyd mae hi'n iawn i athro neu weinidog gymryd at waith newyddiadurwr. Mater arall yw ei gyflawni, wrth gwrs.

Ar adeg streic, fel y digwyddodd yn y BBC fis Mai 2005, tra oedd mwyafrif y newyddiadurwyr go iawn yn parchu'r streic honno cawsom athrawon a chyn-athrawon yn cael eu galw i mewn ac yn ei thorri, ambell un yn ddigon hen i gael ei wthio allan ar elor. Peidied y rhain ag anghofio beth ydynt mewn gwirionedd. Mae yna air i'w ddisgrifio, gair salw, gair brwnt. Y gair hwnnw yw scab. A fyddai'r bobl hyn yn meiddio torri streic gan yr NUT neu UCAC, tybed?

Peth arall sy'n fy ngwylltio yw'r modd y mae pobl yn derbyn bod colofnydd wythnosol neu fisol yn newyddiadurwr *per se*. Ar ba sail? Petai ambell golofnydd yn cael ei daflu i ganol stori wirioneddol fawr, ni fyddai'n gwybod ble i droi. Byddai gymaint ar goll ag y byddai ymwelydd o blaned Mawrth o gael ei ollwng ar Gors Caron. A dyna oedd yn ddoniol yn y dyddiau pan fyddwn i'n gweithio o'r Brifwyl, o 1959 hyd 1967, fel gohebydd rhan amser ac yna'n llawn amser i'r *Cambrian News,* ac yna ymlaen o 1968 hyd 1985 i'r *Cymro.* (Yn ystod y cyfnodau yna, gyda llaw, dim ond dwy Eisteddfod a gollais. Na, dydw i ddim yn pysgota am gael bod yn aelod o'r Orsedd. Fe fyddai rhai yn dweud fy mod i'n ddigon o Arab heb i mi wisgo lliain bwrdd dros fy mhen!) Ond sipian te a siarad fyddai'r mwyafrif o'r criw.

Yn Stafell y Wasg byddai dieithryn yn medru dweud ar unwaith pwy oedd y gwir newyddiadurwyr a phwy oedd y parasitiaid. Tra byddai'r athrawon a'r gweinidogion yn clochdar ymhlith ei gilydd byddai'r newyddiadurwyr go iawn, Jim Price o'r *Express*, Tim Jones a Trevor Fishlock o'r *Times*, Gerald Williams o'r *Daily Post*, Clive Betts o'r *Western Mail*, Dyfed Evans o'r *Cymro*, a'n tad ni oll, Caradog Prichard o'r *Telegraph*, wedi hen gwblhau eu copi a'i ddanfon dros y ffôn i'w osod.

Roedd y newid o fyd y llyfrgell i fywyd newyddiadurwr yn chwa o awel iach. Cododd fy nghyflog dros nos o £13 yr wythnos i ychydig dros £20. Ac er bod disgwyl i mi fod wrth fy nesg, fel o'r blaen, am naw o'r gloch y bore roedd y drefn yn llawer mwy llac. Doedd neb yno â diddordeb mewn pob symudiad a wnawn. Cyn belled ag y byddwn yn cadw at derfyn amser byddai pawb yn hapus, o'r golygydd at y gosodwyr. Ac mae cadw at derfyn amser wedi mynd yn rhan annatod ohonof byth ers hynny. Fedra i ddim dioddef pobl sy'n hwyr, os nad oes ganddynt esgus da dros hynny.

Lle da i weithio ynddo oedd y *Cambrian News* yn y dyddiau pan oedd y swyddfa yn Stryd y Frenhines a'r wasg argraffu gerllaw yn Grays Inn Road, neu'r Lôn Gefn, i roi iddi'r enw na fyddai neb yn ei ddefnyddio. Drwy'r drws cefn byddwn allan yn Heol Alecsandra mewn chwinciad. Ac os oedd angen picio i ganol y dref, yna allan yr awn drwy'r drws ffrynt, croesi'r ffordd ac i mewn drwy ddrws cefn Woolworth ac allan eto drwy'r prif ddrws i'r Stryd Fawr. Erbyn heddiw mae'r swyddfa wedi symud i Barc Cefn Llan uwchlaw Llanbadarn Fawr a'r papur, ers tro, wedi peidio â bod yn bapur teuluol. Ac mae drws cefn Woolworth wedi'i gloi.

Weithiau, pan fyddai digwyddiad o bwys yn y dref, deuai hoelion wyth papurau dyddiol Lloegr atom. Bryd hynny, diolch i dâl am wybodaeth neu gyngor, ni fyddai angen gwthio llaw i'r boced wrth far nac wrth fwrdd. Un o'r digwyddiadau blynyddol mawr hynny oedd Cynhadledd Plaid Cymru, cyn i'r blaid honno droi'n The Party of Wales. Un flwyddyn gwelwyd wyneb dieithr ymhlith y gohebyddion o'r tu draw i'r ffin. Gŵr tenau, eiddil gyda mwstás trwchus oedd hwn. Edrychai'n union fel Eirwyn Pontshân. Yn wir, enw Eirwyn arno oedd 'John fy Mrawd'. Ei enw iawn oedd Harry Ashbrook, gohebydd gyda'r *Daily Mirror* a oedd, druan, fel ei bapur, wedi gweld dyddiau gwell. Fe gyrhaeddodd Harry ar brynhawn dydd Sadwrn ac fe arhosodd am bedwar mis. Credaf iddo, fel yn achos Dylan Thomas yn Nhalacharn, gamu oddi ar y bws un diwrnod ac anghofio camu'n ôl arno.

Roedd Harry wedi'i fowldio yn yr hen draddodiad o newyddiaduraeth. Gweithio'n galed am ychydig a byw'n dda am weddill yr amser. Byw'n dda ond nid bwyta'n dda. Gwelais ddryw bach yn bwyta mwy na Harry. Gwisgai got blew camel ac roedd ganddo syched llawer dyfnach nag un y creadur a ddarparodd iddo'r got honno. Yn yfwr wisgi, yn rhegwr di-ail ac yn besychwr a allai ennill capiau dros Loegr am y gamp, fe lwyddai Harry i greu stori allan o ddim byd. Byddai bob amser yn gryndod o oerni. Ei ateb i bwy bynnag a'i cyfarchai oedd, '*It's effing cold!*' Yn yr Hydd Gwyn byddai'n treulio oriau o flaen y tân yn sipian hanner o gwrw chwerw a wisgi tra byddai'i bennau gliniau'n cofleidio'r grât. Rhynnai Harry ar bentan uffern.

Prynodd hen gar Rover a oedd, fel ei berchennog newydd, wedi gweld dyddiau gwell. Un dydd euthum gydag ef i Dal-sarn yn Nyffryn Aeron. Roedd ganddo ddiddordeb yng nghysylltiad Dylan Thomas â'r lle. Bu'r bardd yn byw ym mhlas y Gelli ar wahanol gyfnodau adeg y Rhyfel. Yn wir, roeddwn i wedi ysgrifennu erthygl swmpus ar y cysylltiad yn y *Cambrian News* ac fe wnaeth yr hen Harry ddefnydd helaeth ohoni. Treuliasom y prynhawn yn holi hwn a holi hon. (Doedd John Dwygeiniog ddim yno ar y pryd.) Yn y Llew Coch yn y pentref y treuliasom ein hamser ac fe gafodd Harry ei stori a'i gwerthu wedyn i'r *Sunday Mirror* am £100. Erbyn hynny, cael ei dalu fesul stori a wnâi'r hen greadur. Dim stori, dim tâl.

Ar y ffordd adre ar hyd gwastadeddau Blaenplwyf, syrthiais i gysgu ac wn i ddim hyd y dydd heddiw beth wnaeth i mi ddihuno ar eiliad dyngedfennol. Agorais fy llygaid a gweld y Rover, a ninnau, yn anelu'n syth at lorri gelfi anferth Pickford a dychmygais weld Harry a minnau yn propio i fyny'r bar yn yr El Vino nefol. Gwaeddais arno, a llwyddodd i osgoi cyflafan o drwch blewyn.

'Ha, ha! Roeddet ti'n cysgu,' chwarddodd Harry.

A finne, wedi i'm stumog ddod 'nôl i fyny o gyffiniau twll fy nhin, yn ateb, 'Oeddwn. Ond y drafferth oedd,

Harry, roeddet tithe'n cysgu hefyd.' Wnaeth e ddim gwadu hynny chwaith.

Diflannodd Harry yn gwbl ddirybudd un diwrnod gan adael ei Rover ar ôl i fagu mwy o rwd ar y prom. Chlywais i ddim gair amdano byth wedyn. Ond clywais gan newyddiadurwyr eraill i mi fod yn ffodus i gael cwmni hen hac a fuasai, unwaith, ymhlith goreuon Stryd y Fflyd. Roeddem yn griw amrywiol a diddan yn y *Cambrian News*. Yr is-olygydd oedd Ken Hankey, un a gyfarchwyd gan fy olynydd, Arthur Williams, unwaith gyda'r geiriau, '*Hankey, not a name to be sniffed at.*' Arthur hefyd a fedyddiodd y papur yn 'The Weekly Miracle', gan ei bod hi'n wyrth iddo ymddangos o wythnos i wythnos. Roedd Ken Hankey yn ecsentrig llwyr. Gwelais ef ar ddiwrnod gwlyb yn cyrraedd fel petai yn aelod o griw'r bad achub. Cot law slic, felen amdano, sowester ar ei ben a phâr o welingtons gwyrdd am ei draed. Eisteddodd wrth ei ddesg a dechrau golygu copi tua naw o'r gloch y bore, gan adael am bump o'r gloch y prynhawn heb ddiosg unrhyw eitem o'i wisg law.

Hoffai Ken glyfrwch geiriol ac enillais anfarwoldeb yn ei lygaid wrth i mi, un tro, olygu deunydd Saesneg o Ben Llŷn. Un paragraff yn unig oedd y stori, a'i byrdwn oedd bod rhyw fenyw a gadwai Swyddfa'r Post yn un o'r pentrefi wedi clymu beiro wrth y cownter ar gyfer cwsmeriaid, a'r beiro gwyrthiol wedi para i weithio heb gyflenwad newydd o inc am ddeuddeng mlynedd. Uwchlaw'r stori sgrifennais y gair, '*Everlast-ink!*' Deuthum i'r casgliad naill ai bod y beiro yn un uffernol o fawr neu fod cwsmeriaid yn affwysol o brin yn y Swyddfa Bost arbennig honno.

Byddai Ken ei hun yn ddyfeisgar iawn wrth greu penawdau. Ond nid pawb a werthfawrogai ei glyfrwch. Un tro fe ddirwywyd Sbaenwr, yn dwyn yr enw Jesus, yn

Llys yr Ynadon lleol. Yngenir Jesus mewn Sbaeneg, wrth gwrs, fel Chesws. Ond ar bapur nid yw hynny'n golygu dim. Pennawd Ken oedd, *'Jesus Fined'*. Bryd arall, ar ôl golygu datganiad ar ddiogelwch ar y fferm gosododd uwch ei ben y pennawd, *'Have You Counted your Fingers Lately?'*

Ac o sôn am ddatganiad, pethau prin iawn oedd datganiadau printiedig yn y chwedegau. Heddiw maent yn disgyn ar ddesgiau newyddiadurwyr fel manna o'r nefoedd. Y dyddiau hyn, prin fod angen ymchwilio i unrhyw stori y tu allan i faes newyddion caled. Ceir popeth wedi ei baratoi rhag blaen ar bapur, a'r tristwch yw bod cynifer o newyddiadurwyr yn derbyn pob sbin yn ddigwestiwn.

Byddai'r staff newyddiadurol yn dueddol o aros am dymhorau hir. Ond yn awr ac yn y man cawsom ambell aderyn brith na oedodd yn hir. Cofiaf un ohonynt, Sais o berfeddion Lloegr nad oedd yn gynefin â ffordd o fyw'r wlad, yn ffonio Arglwydd Raglaw Sir Aberteifi, y Capten J. Hext-Lewes. Gwraig y capten atebodd o'r cartref ar fferm Llan Llŷr. Dywedodd wrth y gohebydd na allai ei gŵr ddod i siarad ag ef gan ei fod allan yn rholio'r cae. Yr hyn a ddywedodd, mewn gwirionedd, oedd, *'He's out in the field rolling.'* Ymateb y galwr oedd, *'My God, he must be in pain!'*

Hoffai'r papur ddisgrifio'i hun fel newyddiadur annibynnol o ran ei wleidyddiaeth ond roedd iddo draddodiad hir a hen o fod yn Rhyddfrydol ei ogwydd, yn arbennig felly ar adeg etholiad. Câi'r Gymraeg le haeddiannol o'i fewn ond mynnai Doug na cheid Cymraeg ar y tudalen flaen nac o dan ffotograffau. Byddai'r rhain yn rheolau wedi eu cerfio ar lechen. Anogai'r gwahanol ffotograffwyr i dynnu lluniau yn cynnwys cymaint o wynebau ag yr oedd modd. Credai yn yr hen wireb fod pob un a gâi ei weld yn y papur yn ddarpar-brynwr.

Un o gil-fanteision gwaith newyddiadurol ar y *Cambrian News* oedd y cyfle yn achlysurol i werthu ambell stori i'r papurau dyddiol neu Suliol. Chwarae teg i Doug, byddai'n cau ei lygaid i'r arferiad ar yr amod fod y stori'n ymddangos yn y *Cambrian News* yn gyntaf. Gwaith ychwanegol arall a gefais yno oedd cyfansoddi rhigymau ar gyfer cardiau cyfarch gyda'r cwmni cyhoeddi yn talu hanner coron y llinell. Y gyfrinach oedd troi pob cwpled yn bennill pedair llinell a phob pennill pedair llinell yn wyth, gan ddyblu'r incwm.

Rhaid oedd bod yn ofalus iawn o un peth – llwgrwobrwyo. Yn aml iawn deuai cais am gadw enw rhywun allan o'r papur yn dilyn misdimanyrs a oedd wedi arwain at achos llys. Cefais aml i gynnig ond rwy'n falch o gael dweud i mi wrthod bob tro. O dderbyn cildwrn gan rywun unwaith, fe allai'r hanes fynd o gwmpas a byddai'r canlyniadau yn amlwg. Beth petawn i'n derbyn gan un a gwrthod rhywun arall? Fe fyddai yna edliw, 'Fe wnest ti i hwn a hwn. Pam ddim i fi?' Yr agosaf i mi ddod at gael fy rhwydo erioed oedd pan ddirwywyd rhywun o ardal Tregaron am yrru i'r cyfeiriad anghywir ar hyd stryd unffordd. Cyhuddiad pitw, os bu un erioed, ond roedd y gyrrwr dan sylw yn gwrthod gwrando. Fe'm ffoniodd droeon ac yna galw i'm gweld yn bersonol yn fy nghartref. Ond yn y diwedd ni welodd y golygydd werth yn y stori beth bynnag, a'i gadael ar y sbeic, heb ei defnyddio. Ond am flynyddoedd wedyn bu'r gyrrwr dan sylw yn diolch i mi ac yn ceisio gwthio tâl arnaf am gadw'i enw allan o'r papur. A dyna i chi brofiad diflas i Gardi – gorfod gwrthod arian!

Yn aml iawn, aelodau o'r Seiri Rhyddion fyddai'n ceisio cael anhysbysrwydd. Credent, mae'n debyg, fod ganddynt dragwyddol hawl i ffafrau. Pe deuai hynny i glustiau'r perchennog, Henry Reed, âi allan o'i ffordd i sicrhau y câi'r stori ac enw'r troseddwr le amlwg yn ei bapur.

Ambell dro, yn wir yn rhy aml, byddai gofyn i mi fynychu cyfarfodydd gyda'r nos. Golygai hynny fodio adre. Wn i ddim faint o bobl sydd wedi gofyn i mi sut y llwyddais i deithio Cymru ar hyd y blynyddoedd, yn newyddiadura a chyflwyno rhaglenni, heb fedru gyrru car. Yr ateb yw, gyda thrafferth uffernol. Ond fe lwyddais. Beth bynnag, rwy mewn cwmni da – Meic Stevens a Huw Ceredig i enwi dim ond dau. Mynych y cerddais mewn tywyllwch dudew drwy'r goedwig heibio i Blas y Trawscoed. Wn i ddim sawl tro y cerddais yn blet i mewn i goeden neu bostyn ffens. Ac unwaith i mewn i geffyl sipswn a oedd yn pori ar ymyl y ffordd. Wn i ddim ai fi neu'r ceffyl gafodd yr ofn mwyaf!

Pan adewais i'r papur roedd y cylchrediad tua 30,000 rhwng y gwahanol argraffiadau, a'i ddalgylch yn ymestyn o Aberteifi a Llambed i fyny at Gaernarfon ac o Aberystwyth draw at Raeadr Gwy a Llanidloes. Ceid nifer o argraffiadau gwahanol – Aberystwyth, y De, Dyffryn Dyfi, Meirionnydd a'r Gogledd. Y *Cambrian News* yw'r unig bapur y gwn i amdano y byddai'r darllenwyr yn fodlon ciwio amdano. Bob prynhawn dydd Mercher, ar ôl tua 3.30, byddai ciw y tu allan i bob siop bapur newydd yn y dre. Y tu allan i'r siop bapurau agosaf, siop Phillips, byddai'r ciw yn ymestyn i lawr at gornel y stryd nesaf. Doedd e'n ddim byd i weld ciw o ddau ddwsin a mwy. Ond wrth gwrs, er y teyrngarwch i'r papur a'r disgwyl eiddgar amdano o wythnos i wythnos, yr hyn a gaem ni'r newyddiadurwyr ymhob tafarn gyda'r nos fyddai,

'Duw, mae'r papur yn wael y dyddiau hyn. Does dim byd ynddo fe.' Jôc barhaus un cymeriad fyddai,

'Mae'r *Cambrian News* mor wael fel bod hyd yn oed y

siopau tships yn ei hala fe 'nôl.' Ond gwae ni'r staff pan fyddai funud yn hwyr yn ymddangos.

Gadewais y *Cambrian News* gyda theimladau cymysg. Ond roedd cynnig a wnaed i mi gan *Y Cymro* yn rhy ddeniadol – cael gweithio fel gohebydd o'r cartref heb orfod tywyllu drws y swyddfa yng Nghroesoswallt. Daeth cyfnod o ddeunaw mis ar y *Cambrian News* i ben ac fe gychwynnodd cyfnod o ymron i ddeunaw mlynedd didor ar *Y Cymro*.

Gorau Cymro

Ymunais â staff *Y Cymro* ddydd Llun, 12 Awst, 1968. Pam ydw i'n cofio'r dyddiad mor dda? Mae gen i lythyr yn fy meddiant o hyd o'r cadarnhad gan y Golygydd, D. Llion Griffiths, ei fod yn fy ngwahodd i ymgymryd â'r swydd. Dyddiad y llythyr yw 5 Gorffennaf. A dyma'r hyn a ddywed:

> Annwyl Lyn,
>
> Diolch am y sgwrs ddoe. 'Rwy'n eich gwahodd yn swyddogol i ymuno â staff *Y Cymro*. Disgwyliaf ichwi weithredu o'ch cartref am gyfnod nes ichwi ymsefydlu yn Aberystwyth. Chwi fydd gohebydd *Y Cymro* yn y cylch. Telir ichwi yn unol â gofynion yr undebau, £22 yr wythnos ar hyn o bryd. Yn ychwanegol at hyn disgwyliaf ichwi gael ambell hysbyseb i'r *Cymro* a chydnabyddir hyn yn ôl 10 y cant.
>
> Ni wn yn union pryd y gallwch ddechrau gweithio inni ond fe garwn i eich cael erbyn Llun, Awst 12.

Doedd Doug Wright ddim yn fodlon iawn fy mod i'n gadael y *Cambrian News* ond roedd e'n deall pam. Roedd hwn yn gyfle nawr i weithio o'r tŷ. Ei sylw wrth i ni'n dau ysgwyd llaw oedd,

'Dyna'r broblem yma. Pan gaf i ohebydd Cymraeg da, mae rhywun yn ei demtio oddi yma bob tro.' Oddi wrth Doug, na fyddai byth yn canmol yn gyhoeddus, roedd hyn yn deyrnged.

Byw gartre oeddwn i yng nghartre Mam gydag un chwaer a dau frawd. Cofiaf yn dda'r stori gyntaf i mi ei ffeilio i'r *Cymro* – stori am hen gapel Stryd y Crwynwyr yn Aberystwyth, lle bu Azariah Shadrach unwaith yn weinidog. Erbyn heddiw mae'r hen gapel, a fu am flynyddoedd yn Gapel Gorffwys, wedi ei ddymchwel a dau dŷ wedi eu codi ar y safle. Diddorol nodi i lofruddiaeth ddigwydd y drws nesaf.

Ar ôl ychydig fisoedd yn gweithio o'r tŷ cefais le i weithio gan Gwilym Tudur ar lofft uchaf Siop y Pethe. Ac yno y bu fy swyddfa nes i mi briodi ar Ddydd Gŵyl Ddewi'r flwyddyn wedyn a rhentu fflat uwchlaw siop gelfi yn Stryd y Ffynnon Haearn. Yno, yn y gegin y tu ôl i'r siop, y byddwn yn ysgrifennu fy storïau. Roedd Jên, fy ngwraig, yn gweithio fel clerc yn Woolworth.

Y fendith o gael gweithio o'r cartref oedd bod modd i mi greu, i raddau helaeth, fy amserlen fy hunan. Petawn am ddiwrnod rhydd, gofalwn y gorffennwn fy ngwaith mewn da bryd y diwrnod cynt, drwy fod wrthi'n gweithio drwy'r nos weithiau. Drwy wneud hyn cawn y gorau o'r ddau fyd, sef cwblhau fy ngwaith a chael mynychu digwyddiad arbennig pan ddeuai un.

Yn fy mlwyddyn gyntaf gyda'r *Cymro* cynhaliwyd y Brifwyl yn y Barri, blwyddyn fawr R. Bryn Williams o ran y Gadair, y Parch. L. Haydn Lewis yn ennill y Goron ac Eigra Lewis Roberts yn ennill y Fedal Ryddiaith. Hon, mewn ffordd, oedd fy wythnos ffarwelio â'r *Cambrian News*. Er mai'r wythnos wedi'r Eisteddfod y cefais wybod yn swyddogol y byddwn yn ymuno â'r *Cymro*, roeddwn wedi addo danfon ambell stori i Llion. Wrth edrych yn ôl mae hi'n wyrth, bron, i mi lwyddo i gyfrannu cymaint ag un stori i'r papur. Doedd gen i ddim llety. Fy man cysgu oedd hen gar Austin Princess segur, yn amddifad o'i olwynion ac yn gorffwys ar flociau concrid y tu ôl i'r Barry Hotel. Yno y treuliodd Peter Goginan a minnau bob nos yr wythnos honno gan gael, ar y nos Sul gyntaf, gwmni'r athrylith hoffus, Rhydwen Williams. Fe gymerodd ef y sedd ôl yn gyfan tra bu Goginan a minnau'n hepian ar ein heistedd yn y seddi blaen.

Ym mhob Prifwyl byddai rhyw ddigwyddiad yn sefyll allan. Yn hon, hwyrach mai'r profiad mwyaf cofiadwy fu chwilio un min nos am Eirwyn Pontshân, a'i ganfod yn sipian a chadw cwmni yn y Wine Vaults i neb llai nag Aelod Seneddol y Barri. Anghofia i byth gerdded i mewn ac Eirwyn yn ein cyflwyno i'r Aelod hoffus gyda'r geiriau, 'Lyn achan, Peter! Hmmm, hyfryd iawn! Dyma i chi Raymond Gower – hen foi ffeind.'

Fe'i cyflwynodd yn barchus gan ynganu cyfenw'r Aelod fel 'Gaaawer'. Ymhen ychydig fe ehangodd y cwmni wrth i'r annwyl Jacob Davies ymuno â ni, ynghyd â Gareth Morgan Jones, un o swyddogion Plaid Cymru.

Dydw i ddim yn meddwl fy mod i'n datgelu cyfrinach drwy ddweud i ni oll gael trafodaeth ddiddorol iawn â Jacob, wrth iddo agor ei galon a chyfaddef wrthym ei fod, er yn weinidog, yn fwy o ddyneiddiwr nag o Gristion. Roedd Jacob yn athrylith ac roedd sylweddoli ei ansicrwydd ef yn gwneud i hen anffyddiwr (fel yr oeddwn i ar y pryd) deimlo'n well.

Hon oedd y Brifwyl hefyd pan gerddodd un o Fois y Bont, sef Pecs, allan o'r Colcott Arms ar y prynhawn dydd Gwener – roedd e wedi bod yn yr Eisteddfod ers y dydd Sul cyntaf – a gofyn i ni beth oedd y ffatri fawr a welai yn y parc gerllaw. Y ffatri fawr oedd Pafiliwn y Brifwyl. Cymerodd chwe diwrnod iddo ei weld, a hynny ddim ond o'r tu allan.

Un o'r newidiadau mwyaf a ddaeth i'm rhan ar Y Cymro oedd sicrhau llety ar gyfer wythnos y Brifwyl bob blwyddyn. Y llety mwyaf moethus oedd un a ddaeth i mi drwy ddamwain, yng Nghaernarfon yn 1979. Aeth staff HTV ar streic gan adael llefydd gwag yn y Royal a llwyddais i gael stafell ddwbl am wythnos. Yn anffodus trodd yn stafell drebl (ac yn stafell drwbl) wrth i Goginan a Phontshân benderfynu ei siario gyda mi. Digwyddodd yr un peth yn y Castle yng Nghastell-nedd un noson adeg Prifwyl Aberafan, ac yn y Railway ym Mangor.

Weithiau bodlonwn ar rywle llai moethus. Yn Eisteddfod yr Urdd yn Llanidloes penderfynais dreulio'r nosau yn gorwedd mewn sach gysgu ar fwrdd pren ym mhabell *Y Cymro* ar y Maes. Ac yn Eisteddfod Llanelwedd derbyniais wahoddiad Undeb Amaethwyr Cymru i ddefnyddio'u hadeilad parhaol ar faes y Sioe. Yn anffodus, un noson ar ôl sesiwn hwyr yn y dafarn gerllaw'r bont, roedd y niwl wedi disgyn wrth i mi ymlwybro tua thref. Yr unig ffordd y llwyddais i gyrraedd pen fy nhaith fu cadw fy llaw ar reilen y prif gylch a dilyn honno'r holl ffordd yn ôl.

Fel un nad oedd yn gyrru car, dibynnwn yn aml ar ffotograffwyr ac un o'r rhai cyntaf i mi gydweithio ag ef oedd Ron Davies, Aberaeron. Roedd yn brofiad unigryw. Fel un a gaethiwyd i gadair olwyn yn dilyn damwain, roedd hi'n wyrthiol bron sut y medrai ddygymod â'r gwaith. Byddai Ron yn un da hefyd am ddarganfod stori. Yn aml, a minnau adre'n paratoi rhyw stori neu'i gilydd i'r *Cymro* ar gyfer naill ai ei phostio neu ei darllen dros y ffôn (ymhell cyn dyfodiad e-bost!), câi'r tawelwch ei chwalu gan sŵn corn car yn utganu'r tu allan. Doedd dim angen dyfalu ddwywaith pwy oedd yno. Allan yr awn, gan adael y gwaith ar ei hanner ac i mewn i gar Ron. A bant â ni. Wyddwn i ddim ble byddai pen y daith na beth fyddai'r stori. Ond gwyddwn y byddai stori ble bynnag fyddai pen y daith.

O gyrraedd, y dasg gyntaf fyddai llusgo cadair olwyn Ron allan o gefn y car, ei hagor allan fel consertina a'i gwthio tuag at ddrws agored y gyrrwr. Gofalu wedyn bod y brêc yn ei le ac yna byddai Ron, gydag ystum a fyddai'n cywilyddio acrobat, yn swingio'i hun o'i sedd i'r gadair. Yna byddwn yn ei wthio i ble bynnag y dymunai fynd. Ni sylweddolais cyn gweithio gyda Ron y fath ddawn roedd ei hangen cyn medru gwthio cadair olwyn – yn arbennig pan oedd grisiau o'ch blaen. Dysgais ei bod hi'n amhosib gwthio cadair olwyn i fyny grisiau. Na, rhaid troi'r gadair o gwmpas, ei gwyro'n ôl fel bod yr olwynion blaen i fyny oddi ar y ddaear, cymryd ei phwysau a'i llusgo i fyny. Ac wrth ddisgyn ar hyd grisiau, y gyfrinach oedd gwthio'r handls i lawr a thipio'r gadair yn ôl 45 gradd a'i gollwng i lawr yn araf, bwmp-bwmp gyda'r ddwy olwyn ôl yn bownsio i lawr o un gris i'r llall.

Ron yw un o'r bobl mwyaf siriol i mi gwrdd ag ef erioed. Roedd pawb yn ei adnabod ac yn barod i gydweithio ag ef. Cofiaf e'n cyrraedd Eisteddfod Teulu James Pantyfedwen ar gyfer y Coroni un flwyddyn wrth i'r seremoni orffen. Jacob Davies oedd yng ngofal y seremoni ac roedd wedi gweinio'r cledd a gosod y Goron ar ben y bardd buddugol pan gyrhaeddodd Ron. Roedd goledd serth bryd hynny yn arwain o gefn pafiliwn mawr y Bont i lawr at y llwyfan. Dyma Ron yn sgrialu i lawr y llwybr canol rhwng y seddi ac yn stopio yn union o flaen y llwyfan, ei olwynion yn gwichian fel rhyw Schumacher, a gweiddi, 'Jacob, wnei di ei Goroni fe 'to i fi gael llun?' Ac fe ufuddhaodd Jacob gyda gwên lydan ar ei wyneb.

Mae'r hanesion am Ron yn chwedlau erbyn hyn. Tynnu llun priodas mewn mynwent, ac yn bacio 'nôl yn araf er mwyn fframio'r llun yn iawn. Yna, yn sydyn, y gadair yn dymchwel ac yn disgyn, gyda Ron yn dal ynddi, i fedd agored. Ym mart Castellnewydd Emlyn wedyn, a Ron yn saethu ffilm ar gyfer newyddion HTV. Doedd lluniau cyffredin ddim digon da i Ron – roedd e'n artist – felly dyma ddilyn buwch i mewn i'r cylch gwerthu. Fe stopiodd y fuwch yn sydyn, a Ron wedi cloi'r brêc er mwyn llonyddu'r gadair. Ond dyma'r fuwch, yn hytrach na mynd yn ei blaen, yn symud 'nôl tuag at Ron, yn codi ei chynffon i fyny'n syth fel pastwn i'r awyr ac yn chwistrellu cawod o ddom gwlyb drosto. Yn anffodus roedd y fuwch wedi bod yn pori meillion am wythnos a hynny wedi arwain at bwl cas o'r bib. Dyna lle'r oedd Ron yn ceisio glanhau ei wyneb â'i hances boced. Fe waeddodd rhyw fenyw fach,

'Ron, dim macyn sydd ei eisie arnoch chi ond *sheet.*' A Ron yn ateb,

'Musus fach, chi ddim yn meddwl bod digon o *shît* drosta i yn barod!'

Prin y gallai neb fod wedi wynebu anffawd ac anawsterau bywyd mor siriol â Ron. Un tro yn Aberaeron fe ddymchwelodd ei gadair ar y palmant gan ei adael yn gorwedd yno'n ddiymadferth. Stopiodd rhyw fenyw a phlygu drosto a dweud,

'Jiw, jiw, Ron. Odi chi am i fi'ch helpu chi i godi?' A Ron yn ateb ar wastad ei gefn,

'Na, na, bach, mae popeth yn iawn, bach. Rwy'n gwneud hyn bob bore dydd Iau.'

Prif ffotograffydd Y *Cymro* oedd Geoff Charles, wrth gwrs, ond ychydig iawn o gydweithio wnes i â Geoff. Roedd e'n dueddol o weithio yn y gogledd bryd hynny. Fe hoffwn i petawn i wedi cael llawer mwy o gyfle i weithio gyda'r fath athrylith o artist.

Ddiwedd y chwedegau cefais wybod am fachgen ifanc oedd yn cyflym ennill ei blwyf fel ffotograffydd. Gweithio ar y ffordd gyda chwmni Glossop oedd Ray Daniel pan ddechreuodd ymddiddori yn y grefft o dynnu lluniau. Roedd hi'n amlwg o'r dechrau fod ganddo dalent aruthrol. Dechreuodd ddanfon lluniau i'r *Cymro* ac o fewn dim o dro roedd yn cyfrannu rhwng hanner dwsin a dwsin o luniau i'r papur bob wythnos. Un wythnos roedd ganddo ddeugain llun. Amlygodd ei hun mewn dau faes yn arbennig. Y naill oedd y byd canu pop a'r llall oedd mewn rasys a threialon motor-beics ac mae enghreifftiau o'i waith yn dal yn glasuron. Roedd dal llun da yn ei gamera yn rhywbeth greddfol iddo.

Teithiais filoedd o filltiroedd yng nghwmni Raymond. Prin fod unrhyw un yn medru gweithio mor ddidrafferth a thawel ag ef; prin y codai ei lais. Hyd y gwn, ni yfodd erioed ddiferyn o alcohol na thynnu gymaint ag un anadliad o fwg sigarét. Nid ei fod yn biwritanaidd ei natur. Dim o'r fath beth. Roedd – ac y mae – yn gymeriad siriol a difyr.

Un o'r gorchwylion mwyaf diddorol a gafodd Ray oedd tynnu lluniau o fodel noeth ar gyfer y cylchgrawn *Lol*. Roedd merched noeth wedi ymddangos yn *Lol* o'r dechrau, bron(!), ond lluniau wedi eu benthyca oedden nhw. Fe achosodd un ohonynt drafferthion mawr yn Eisteddfod y Bala yn 1967. Yna dyma Robat Gruffudd, 'ein Gruffudd bornograffig', yn cysylltu ag asiantaeth merched pyrcs ac yn gofyn i Ray fynd i fyny i Lundain i dynnu lluniau addas a chwaethus, wrth gwrs, ar gyfer y cylchgrawn.

Tua dechrau'r saithdegau oedd hyn ac fe aeth Elwyn Ioan, y cartwnydd gorau a anwyd erioed, a minnau gyda Ray i Lundain. Y ferch dan sylw oedd un o'r enw Eva Nieman, uffarn o bishyn os bu un erioed! Aeth Ray ati i dynnu gwahanol luniau ohoni yn gwbl noeth (Eva, nid Ray!), gan gynnwys un ohoni'n darllen *Y Faner* yn hamddenol. Yna, ar ddiwedd y sesiwn, gofynnodd Ray a gâi Elwyn a minnau sefyll bob ochr iddi ar gyfer llun. Dim problem. Roedd y ddau ohonom wedi ein gwisgo'n chwaethus ar gyfer yr achlysur. Dyma sefyll bob ochr i

47

Eva, gan ymddangos fel petai ganddon ni ddim diddordeb yn y byd ynddi.

Yn drist iawn bu farw Eva ychydig flynyddoedd yn ddiweddarach yn ferch ifanc. Ond mae canlyniad doniol i'r stori hefyd. Cefais gan Ray gopïau o'r lluniau ac fe'u cadwn yn fy waled. Unwaith, ar ôl bod ar fws Crosville i Bontrhydfendigaid, cyrhaeddais adre heb fy waled. Ddeuddydd yn ddiweddarach galwodd un o swyddogion y cwmni bysys gyda fy waled yn ei law – roeddwn wedi ei cholli ar y bws. Diolchais yn gynnes iddo a gofyn sut y gwyddai mai fi oedd y perchennog. Ei ateb oedd iddo weld fy llun yn y waled: y llun ohonof fi a'r Eva noethlymun. Mae'n rhaid iddo feddwl fy mod i'n byrfyrt!

Mae Ray yn dal i fyw yn Llanddewi Brefi ac yn dal i dynnu lluniau. Ers tro bellach mae'n ddigon ffodus i allu dewis ei waith. Mae llawer o'i luniau erbyn hyn yn ddiogel yn y Llyfrgell Genedlaethol ond mae llawer mwy yn gorwedd heb eu gwerthfawrogi yn ei atig.

Gweithiais droeon gyda'r ffotograffydd Tegwyn Roberts, o ardal Llanwddyn, a benodwyd ar staff *Y Cymro*. Un o'r dynion mwyaf hamddenol a gwrddais erioed; doedd amser ddim yn ei boeni o gwbl. Felly hefyd y ffotograffydd olaf i mi gydweithio ag ef ar *Y Cymro*, Arvid Parry Jones o Langeitho. Fel Ray Daniel, wedi ei ddysgu ei hun yr oedd Arvid ar ôl gweithio am flynyddoedd mewn storfa cydrannau ceir yn Llambed. Roedd ganddo'r ddawn o ymlacio pobl eraill. Cofiaf unwaith fynd i sgwrsio â Syr Huw Wheldon yn y Llyfrgell Genedlaethol a gyda mi roedd un o ohebwyr y *Cambrian News*. Â'i gwestiwn cyntaf bu bron i hwnnw ddifetha'r cyfweliad yn llwyr. Syllodd ar Syr Huw a gofyn,

'Beth yw'ch gwaith bob dydd chi, felly?'

Bu tawelwch llethol. Syllodd Syr Huw arno am tua hanner munud cyn gofyn,

'Pa bapur ydych chi'n ei gynrychioli, 'machgen i?'

Hwnnw'n ateb,

'Y *Cambrian News*.'

A dyma Syr Huw yn dweud yn dawel a phwyllog, 'Wel, 'machgen i, ewch yn ôl i'r *Cambrian News* i wneud eich gwaith cartref. A phan fyddwch chi'n gwybod beth ydw i'n ei wneud, dewch yn ôl ata i. A hwyrach y gwna i siarad â chi.'

Yna fe ymddangosodd Arvid, a'i wynt yn ei ddwrn. Pwyntiodd ei gamera at Syr Huw ac yna oedodd.

'Syr Huw,' medde fe, 'rwy wedi bod yn meddwl drwy'r bore beth oedd enw'r rhaglen fach neis yna roeddech chi'n arfer ei chyflwyno? Chofia i ddim beth yw enw'r rhaglen ond rwy'n cofio'r miwsig.'

A dyma fe'n hymian y dôn oedd yn agor a chloi'r rhaglen a Syr Huw yn rhoi'r ateb:

'*Monitor*.'

Fe oleuodd llygaid Arvid a dyma fe'n ebychu, 'Diawch, *got it!*'

Ac o'r eiliad honno roedd Syr Huw Wheldon yng nghledr llaw'r ffotograffydd.

Teimlaf yn aml mai mwya i gyd fawredd y person, hawsaf yn y byd yw cydweithio â'r person hwnnw. Cofiaf enghraifft dda o hyn pan gyhoeddwyd Prifwyl Maldwyn ym Machynlleth yn 1978. Yr Archdderwydd oedd Geraint Bowen ac oherwydd fod y gwynt mor gryf, roedd hi'n amhosibl clywed yr araith yn glir heb sôn am nodi'r hyn oedd ganddo i'w ddweud mewn llyfr nodiadau. Pan ddaeth y seremoni i ben a'r Orsedd yn gorymdeithio oddi yno, llwyddais i sleifio at ystlys Geraint a gofyn iddo a oedd ganddo gopi o'i araith. Oedd, atebodd, copi swyddogol yr Orsedd wedi ei rwymo rhwng cloriau caled. Gofynnais iddo a gawn i fenthyg y gyfrol fach tra byddai ef yn newid.

'Diawl,' meddai Geraint, 'fe wna i'n well na hynny i ti.'
('Ti' oedd pawb ganddo.) 'Fe gei di hon.' Ac yn
ddiseremoni, fe rwygodd dudalennau'r araith o'r cloriau
a'u cyflwyno i mi. 'Cymer,' meddai. 'Does gen i ddim
defnydd ar eu cyfer nhw bellach.'

Nid Geraint oedd yr unig Archdderwydd i fod yn
gymwynasgar ac yn gymorth. Derbyniais bob cymorth
gan bob Archdderwydd yn ei dro, yn arbennig felly
Cynan, Gwyndaf ac Elerydd, a Bryn Williams hefyd. Un
o'r golygfeydd Gorseddol na wna fyth adael fy nghof yw
honno o Bryn yn Aberteifi yn 1976, yn ei wisg
Archdderwyddol, yn cario'i deyrndlysau wrth gael ei
gludo mewn car dwy sedd Austin Healy Sprite a'r to wedi
ei ostwng.

Doedd gen i ddim patshyn arbennig. Crwydrwn Gymru
gyfan, er mai tua'r de yn hytrach na'r gogledd yr awn
amlaf. Trên, bws neu gar ffotograffydd, fe lwyddwn i
gyrraedd pen y daith a dychwelyd adre'n ôl.

Y storïau annisgwyl oedd y rhai mwyaf tebygol o
weithio. Soniais mewn cyfrol flaenorol am y lwc o fod yn
y man iawn ar yr adeg iawn wrth i Ray Daniel a minnau
fynd i Abergwaun adeg ffilmio *Under Milk Wood* a sicrhau
cyfweliad cwbl ecscliwsif â Richard Burton. Cefais y fraint
a'r pleser wedyn o siario peint neu ddau â Hugh Griffith
yn Eisteddfod y Bala yn 1967. Eithriadau oedd y rhain ond
eto i gyd digwyddent o bryd i'w gilydd. Bûm yn ddigon
ffodus mewn un noson i gael cyfweliadau â John Rhys
Davies, Hywel Bennett, Robin Nedwell a Jimmy Booth,
y pedwar yn perfformio mewn drama yn Aberystwyth.

Yn nhafarn y Blingwyr wedyn un noson cefais gyfle i
dreulio tair neu bedair awr yng nghwmni Arthur 'Big
Boy' Crudupp, cyfansoddwr tair o ganeuon Elvis.
Cwrddais dro arall â John Shines, Champion Jack

Dupree, Susie Quatro a Humphrey Lyttleton. A'r pleser mawr o gael gwahodd Julie Felix, ac ar adeg arall Cy Grant, i'r aelwyd am baned – a rhywbeth cryfach – hyd yr oriau mân. Mae'n wir dweud mai bod yn newyddiadurwr fu'n gyfrifol am agor y drws yn yr achosion yma i gyd. Roedd yr hen gerdyn undeb yn mynd â mi y tu ôl i'r llwyfan yn Neuadd y Brenin, Theatr y Werin a'r Neuadd Fawr. Dyna sut y sgwrsiais â'r Kinks a Lindisfarne, Tom Paxton a Georgie Fame heb sôn am yr ynfyd Screaming Lord Sutch, yr unig wleidydd gwerth ei halen erioed.

Eto i gyd, petawn i'n gorfod dewis y bobl fwyaf i mi eu cyfarfod, Cymry Cymraeg fyddai'r rheiny bob un gan gynnwys Gwenallt, Niclas y Glais a Caradog Prichard. Ym mhob achos llys neu brotest a fyddai'n ymwneud â Chymdeithas yr Iaith byddwn yn siŵr o gyfarfod â D. J. Williams, a'r un cwestiwn a gawn ganddo bob tro.

'I bwy 'ych chi'n gweithio?'

Ac ar ôl i mi ateb, 'I'r *Cymro*,' byddai ei law yn gorffwys ar fy ysgwydd a'r llais addfwyn yn treiglo dros ei wefusau, 'Da 'machgen i!'

O ran y byd pop, mae'r rhai a enwais uchod, a hefyd pobl fel Robert Plant, Shane McGowan, Finbar Fury ac, wrth gwrs, y Dubliners. Ond byddwn yn ystyried Meic Stevens fel y mwyaf oll yn eu plith. Mae Meic yn athrylith na chafodd ei gydnabod gan ei genedl. Mae'n berchen ar ddawn bardd a llenor. A beth am Wil Sam wedyn? Wil fyddai'r cyntaf i wadu unrhyw ddawn fel canwr, ond mae'r dyn yn drysor cenedlaethol. Byddai unrhyw genedl wâr wedi sefydlu bywoliaeth sefydlog i bobl fel Meic a Wil.

Yn ystod ei ddyddiau cynnar ar *Y Cymro* llwyddodd Llion Griffiths i benodi criw o fechgyn ifanc da. Roedd tymor Ifan Roberts bron â dod i ben ond y cyntaf i Llion ei benodi oedd Gwyn Griffiths. Ef fu'n gyfrifol am ddechrau rhoi sylw i'r diwylliant poblogaidd yn y papur, elfen y datblygwyd arni wedyn gan Hefin Wyn a Wil Owen. Roedd Wil yn un o ddau fyddai'n cydweithio â mi eto ymhen blynyddoedd i ddod, ef a Ioan Roberts. Gan Ioan y cafwyd cyfres o bortreadau o Gymry enwog, sy'n dal yn glasuron heddiw. Llwyddodd Llion hefyd i fachu John Evans fel colofnydd chwaraeon. Roedd John yn gweithio i'r BBC ond rhannai ei brofiadau â'r *Cymro*. Eraill a wnaeth gyfraniadau gwerthfawr iawn i'r papur yn ystod y cyfnod oedd Eifion Glyn, Arfon Gwilym ac, yn arbennig, Glyn Evans.

Cofiaf pan godwyd pris *Y Cymro* ar gyfer Eisteddfod Genedlaethol yr Urdd 1966 o dair ceiniog i bedair ceiniog. Ar y pryd fe wnaeth T. Glynne Davies sylw mawr o'r codiad pris a gofyn pwy a fyddai'n barod i fynd i'w boced i dalu grôt am *Y Cymro*. Doedd dim sôn bod y papur wedi gwneud ymdrech enfawr ar gyfer Eisteddfod Caergybi i greu atodiad swmpus tu hwnt (traddodiad a barhaodd ar gyfer y ddwy Brifwyl).

Un o wendidau mawr *Y Cymro* pan gychwynnodd Llion fel golygydd yn 1962 oedd diffyg hysbysebion. Roedd hwn yn wendid traddodiadol ond gweddnewidiodd Llion y sefyllfa drwy ysgwyddo cyfrifoldeb personol amdanynt. Llwyddodd i greu rhwydwaith o gasglwyr hysbysebion a throdd y tudalennau hysbysebion dosbarthol i fod yn fater o eiddigedd i unrhyw bapur wythnosol. Yn anffodus, nid i'r *Cymro* yr âi'r elw. Penderfynwyd rhannu'r arian rhwng holl bapurau'r grŵp.

Bu sôn mawr am *Y Cymro*, yn nyddiau aur John Roberts Williams a Meredydd Evans, yn gwerthu hyd at 27,500 o gopïau. Ond rhaid cofio mai'r drefn bryd hynny oedd cynllun gwerthu neu ddychwelyd. O ran y gwerthiant go iawn byddai ffigwr o 20,000 yn agosach ati. Yn y saithdegau cynnar roedd *Y Cymro* yn dal i werthu tua 10,000, gwerthiant da iawn o ystyried y cyfnod. Yna, o fewn mater o ddeng mlynedd, plymiodd y gwerthiant. Y bwgan mwyaf oedd y cynnydd aruthrol ym mhris papur, a hynny'n gorfodi codiad yn y pris prynu. O gostio ugeiniau o bunnau'r dunnell, dyblodd a threblodd y pris. Brwydrodd Llion yn ddygn yn erbyn y llanw, ond yn ofer. Roedd pris papurau newydd o bob math yn gorfod codi. Gallai'r papurau dyddiol mawr lyncu'r gost, o'r braidd. Ond ar yr un pryd â'r codiad ym mhris papur daeth datblygiadau newydd ym myd argraffu a newyddiadura.

Trodd *Y Cymro* fesul cam o fod yn bapur a osodid mewn plwm i fod yn rhan o'r dechnoleg newydd. Yn gyntaf fe aethpwyd yn hanner a hanner. Ochr yn ochr â'r hen gysodi â llythrennau plwm cafwyd y dull modern a fedrai gysodi 60 llinell y funud – newid aruthrol. Yn ogystal â dyfodiad y dechnoleg newydd, dylid cofio hefyd ddylanwad datblygu Radio Cymru a radio lleol ar werthiant papur wythnosol Cymraeg. Roedd hyn yn ffactor bwysig yng nghwymp y cylchrediad.

Y catalydd mawr yn y frwydr dros ddefnyddio'r dechnoleg newydd oedd Eddie Shah, a aeth ati i lansio papur newydd *Today*, a hynny gyda'r bwriad o'i ysgrifennu, ei gysodi, ei argraffu a'i gyhoeddi heb ymyrraeth yr undebau. Bu brwydr hir a chwerw, gyda'r NUJ yn troi yn erbyn undebau'r argraffwyr a'r cysodwyr. Wapping, neu Tower Hamlets, oedd maes y gad a thechnoleg newydd oedd y bwgan. Roedd bai ar y ddwy ochr. Roedd defnyddio'r dechnoleg newydd i argraffu ac i gasglu a danfon newyddion yn anochel, ond crëwyd llawer o ddrygioni gan Robert Maxwell, ac yn arbennig gan Rupert Murdoch.

Dangosodd Murdoch ei glyfrwch a'i gyfrwystra pan adawodd i Eddie Shah wynebu'r frwydr. Am flwyddyn a mis bu'n picedu. Cynigiwyd dwy fil o bunnau'r un i'r newyddiadurwyr fel iawndal am iddynt orfod derbyn ail-hyfforddiant. Ildiodd y mwyafrif ohonynt ac roedd y rhyfel drosodd. Ond fel ym mhob rhyfel, roedd yno ddioddefwyr. Collodd cannoedd o argraffwyr, cysodwyr a newyddiadurwyr eu swyddi. Ac wrth i Shah ennill brwydr 'pyrrhig', sleifiodd Murdoch a'i bapurau i mewn yn ei gysgod i'r byd newydd. Fel milwyr Groeg yn llithro i mewn i Gaerdroea, felly y llithrodd Murdoch drwy ddrysau Wapping. Yn yr achos hwn, *Today* oedd y ceffyl pren. O dipyn i beth symudwyd o Stryd y Fflyd i Tower Hamlets. Eleni gadawodd y cwmni newyddiadurol olaf, sef Reuters, Stryd y Fflyd. Cynhaliwyd gwasanaeth crefyddol i nodi'r achlysur ac O! y fath eironi, darllenwyd y llith gan Rupert Murdoch!

Erbyn i Llion Griffiths adael *Y Cymro* yn 1995 roedd wedi llwyddo yn wyrthiol i wella'r sefyllfa. Ar ôl blynyddoedd o golli darllenwyr roedd nid yn unig wedi arafu'r cwymp ond hefyd wedi sefydlogi'r gwerthiant, a hyd yn oed wedi adennill darllenwyr. Brwydrodd Llion yn galed yn erbyn y llif ond rhaid dweud na chafodd 'mo'r gefnogaeth haeddiannol gan y cwmni. O ran Papurau Gogledd Cymru, *Y Cymro* oedd y papur agosaf at y drws.

Arweiniodd y codiad ym mhris papur ac ym mhris gwerthu'r papur newydd at lai o dudalennau a llai o staff. Roedd angen llai o 'gopi' bob wythnos, ac er bod hynny'n golygu llai o waith i mi – rhywbeth y dylwn ymhyfrydu yn ei gylch – roedd yn gyfnod rhwystredig. Golygai yn aml haneru, ac weithiau hepgor, stori yn llwyr. Mor wahanol i'r cyfnod hwnnw drwy'r saithdegau pan oedd y papur mor drwchus, bron, â chyfeiriadur ffôn. Cofiaf i mi, ar gyfer dau rifyn Eisteddfod Genedlaethol Bro Myrddin, gyfrannu cymaint â 16,000 o eiriau, sy'n cyfateb i ysgrifennu ymron hanner nofel o fewn wythnos.

Y portread y mwynheais ei lunio fwyaf ar gyfer y

Brifwyl honno oedd un o'r awdur Richard Vaughan, a oedd wedi prynu tŷ yn Nhalyllychau. Roedd awdur *Moulded in Earth* a nofelau poblogaidd eraill wedi cael ei anwybyddu a'i anghofio i raddau helaeth. Teimlais hi'n fraint cael ei dynnu eto i sylw'r cyhoedd a derbyniais lythyr hynod ffeind oddi wrtho yn diolch i mi am y sylw.

A dyna un peth rydw i wedi ei werthfawrogi ar hyd y blynyddoedd – y llythyron o ddiolch a dderbyniais oddi wrth wahanol bobl am i mi roi sylw teg iddynt. Maen nhw gen i o hyd: llythyrau oddi wrth Aubrey Richards, yr actor; Gurwyn Thomas, yr artist, a David Jenkins, y Llyfrgellydd Cenedlaethol, ymhlith llawer un arall. Ac yn fy meddiant mae erthygl gan yr Athro E. G. Bowen a ysgrifennodd yn bersonol ar gyfer *Y Cymro* ar hanes Dewi Sant, y cyfan yn ei lawysgrif ei hun, yn ogystal â theyrnged gan yr Athro Bobi Jones yn ei law ei hun i Gwenallt, pan fu farw'r 'bardd bach uwch beirdd y byd'.

Un llythyr a'm gwylltiodd yn gacwn oedd un a ddanfonwyd, nid i mi ond i'r golygydd, yn cwyno amdanaf. Ddiwedd y saithdegau oedd hi a minnau, un bore dydd Sadwrn, wedi trefnu rhag blaen i fynd â Dylan y mab i fyny i Lundain i weld gêm bêl-droed rhwng Arsenal a Nottingham Forest. Roedd popeth wedi'i drefnu'n ofalus, a minnau wedi hysbysu Llion na fyddwn ar gael ar y dydd Sadwrn hwnnw. Yna fe fethodd Llion â chael unrhyw un o'r staff i fynd i Lundain ar yr un diwrnod i rali wrth-niwclear anferth oedd i'w chynnal yn Hyde Park. Roedd trên arbennig yn gadael o Aberystwyth, awr yn hwyrach na'r trên arferol. Gofynnodd a wnawn i o leiaf deithio ar y trên arbennig, yna cawn fynd i'r gêm cyn teithio'n ôl ar y trên arbennig unwaith eto. Fe roddai hynny y cyfle i mi holi barn rhai o'r ymgyrchwyr. Cytunais, er fy mod i eisoes wedi talu am docynnau ar gyfer y trên arferol ac ar gyfer y gêm bêl-droed.

Ddyddiau ar ôl y digwyddiad derbyniodd Llion lythyr maleisus yn fy nghyhuddo i o ddefnyddio trên yr ymgyrchwyr heddwch er mwyn cael mynd i Lundain i wylio Arsenal. Y gwir amdani oedd y byddai wedi bod yn llawer hwylusach i mi fod wedi teithio ar y trên arferol. Yn wir, euthum ymhellach na'r hyn yr oeddwn wedi ei addo i Llion drwy benderfynu mynd i Hyde Park, er nad oedd gofyn i mi wneud hynny, a cholli hanner y gêm. Cefais, felly, fy nghystwyo am wneud fy ngwaith, a mwy na hynny, am ddifetha diwrnod Dylan. Roeddwn wedi gorfod codi tocynnau ar gyfer dwy siwrnai a chyrraedd gartref ddwy awr yn hwyrach nag y byddwn ar y trên arferol. Ar ben hynny, roedd y wraig a gwynodd, a hynny yn enw un o ganghennau Plaid Cymru yn yr ardal, wedi ychwanegu enw dwy wraig arall at ei llythyr, er na wyddai'r rheiny unrhyw beth am y mater.

Bu i agwedd y fenyw chwarae llawer ar fy meddwl. Oni fyddai wedi bod yn haws iddi gael gair â mi cyn danfon llythyr at y golygydd? Cafodd ymateb digon swta gen i a danfonais gopi o'i llythyr i adran gyfreithiol yr NUJ am ymateb. Meddyliwch! Hac yn ystyried dod ag achos o enllib yn erbyn un o'i ddarllenwyr! Gallaswn, yn ôl un o dwrneiod yr NUJ, fod wedi dod ag achos o enllib yn erbyn y fenyw ac yn erbyn y gangen o Blaid Cymru am iddi balu celwyddau noeth amdanaf. Ond penderfynais mai taw oedd piau hi. Roeddwn i, wedi'r cyfan, wedi profi fy mhwynt.

Dydw i ddim wedi ymddiheuro i Dylan o hyd am ddifetha'i ddiwrnod. Gyda llaw, y newydd da oedd i Arsenal guro Nottingham Forest 4–1. Y newydd drwg oedd iddynt sgorio tair o'u goliau yn ystod yr hanner cyntaf, a minnau a Dylan yn Hyde Park. Ond boed i'r fenyw faleisus wybod, os digwydd iddi ddarllen hyn o eiriau, na wnes i – ac na wnaf i – fyth anghofio na byth faddau iddi.

Wrth i'r gwaith ar *Y Cymro* ysgafnhau, bûm yn ddigon ffodus i gael cynnig gwaith rhan-amser yn golygu copi i'r *Cambrian News*, am £40 y mis. Ni wnâi hyn darfu ar fy ngwaith gyda'r *Cymro* gan mai'r hyn a wnawn oedd mynd â'r copi gartref gyda mi gyda'r nos neu dros benwythnos a'i gywiro yno. Roeddwn i'n falch o gael y gwaith nid yn gymaint am yr arian ond er mwyn ail-greu'r cysylltiad â'r papur lle dechreuodd popeth a chael bod, yn achlysurol, yn rhan o'r hen frawdoliaeth eto.

Ar ddechrau'r saithdegau byddwn weithiau, ar ddiwrnod rhydd, yn dal y trên chwech y bore o Aber i Lundain, cyrraedd Euston ymhen tua phum awr, dal y trên tanddaearol am Piccadilly a mynd ar fy union i dafarn y Coach and Horses, Greek Street, yn Soho lle byddai staff *Private Eye* yn treulio'u hawr ginio estynedig. Roedd pob awr o'r dydd yn awr ginio i staff *Private Eye*. Yno byddai Jeffrey Barnard yn teyrnasu, rhyw fath ar ŵr doeth y byddai meidrolion yn plygu wrth ei allor. Am flynyddoedd bu cartŵn pythefnosol yn y cylchgrawn gan Heath yn dangos rhywun yn cerdded i mewn i'r dafarn a gofyn, '*Jeff bin in?*' Yno, petai Duw wedi ateb fy ngweddïau, gallwn fod wedi cyfarfod â'r golygydd, Richard Ingrams. Gallwn fod wedi gweld William Rushton yno. A phetai Duw wedi bod yn arbennig o hael, gallwn fod wedi gweld Peter Cook. Ond ar y pryd roedd yr Arglwydd, chwedl y bardd, yn drwm ei glyw.

Tua un o'r gloch yn y prynhawn byddwn yn symud ymlaen am El Vino yn Stryd y Fflyd, nad oedd yn agor tan 1.15. Yno byddai'r hacs yn disgwyl 'clywed pyrth yn agor a chadwynau'n mynd yn rhydd'. Roedd El Vino yn far a anfarwolwyd gan *Private Eye* ac am gyfnod meddyliwn mai creadigaeth ffug oedd y lle, ond na. Yno y byddai pob

'*Lunchtime O'Booze*' yn Stryd y Fflyd yn crynhoi. Tra oedd El Vino yn lle go iawn, creadigaeth *Private Eye* oedd y chwedlonol '*Lunchtime O'Booze*', y newyddiadurwr clasurol a'i docyn undeb yn rhwymyn ei het a'i fflasg wisgi yn ei boced rhech. Ond os creadigaeth oedd y cymeriad, roedd hi'n greadigaeth hynod o gywrain. Am rai blynyddoedd cefais fy nghyfarch yn ddieithriad gan Robat Gruffudd, y Lolfa, fel 'Lynshtaim O'Bŵs'. Derbyniwn yr enw fel braint.

Roedd El Vino yn lle rhyfedd. Dim ond o'r braidd y câi menywod fynediad a hyd yn oed wedyn ni chaent archebu diodydd na hyd yn oed sefyll wrth y bar ac yn sicr, byddai peint i fenyw yn gwbl waharddedig. Yno byddwn yn treulio oriau yn syllu a gwrando ar hacs o'r iawn ryw, yn cynnwys y chwedlonol Fergus Cashin, cyn dal y trên bach tanddaearol yn ôl i Euston ac yna'r trên go iawn adre i Aber. Cyrhaeddwn erbyn tua 10.30 y nos, digon o amser i gael peint neu ddau yn y Cambrian ar draws y ffordd i'r stesion cyn mynd adre. Fy ffydd a'm dychymyg wedi eu hadnewyddu.

O sôn am Stryd y Fflyd, dylwn esbonio mai bois Manceinion fyddai'n dod draw i Aber pe torrai stori. Ac os awn i fyny i Fanceinion, gwyddwn mai yn Yeats' Wine Lodge y byddai'r bois. Ni fyddai unrhyw bwrpas galw yn swyddfeydd y papurau; byddai'r rheiny, chwedl Doug Wright, mor wag â '*poop deck*' y *Mary Celeste*.

Bu'r cyfnod hir ar *Y Cymro* yn un arbennig o hapus, yn un peth am fod modd i mi weithio o'r tŷ yn fwy na dim. Am rai blynyddoedd, y drefn oedd ysgrifennu ar bapur copi maint hanner tudalen A4, a hynny â beiro. Yna prynais deipiadur bach cludadwy y medrwn ei ddefnyddio gartref a mynd ag ef gyda mi i Eisteddfodau Cenedlaethol, gan gynnwys yr Urdd. Teipio â dau fys, fel y gwnaf o hyd. A phe byddai amser argraffu yn rhy agos i bostio copi, yna ffonio'r copi drwyddo fyddai'r drefn. Bryd hynny, pe byddai'r *deadline* yn dynn, byddai angen yn aml i greu'r stori yn fyrfyfyr wrth siarad.

Wnes i byth anghofio un cyngor a gefais gan Doug Wright pan weithiwn ar staff y *Cambrian News* – os wyt ti yn ansicr o unrhyw ffaith, gad hi allan. Unwaith yn unig y cefais i fy nal ond ddigwyddodd hynny ddim o ganlyniad i stori. Geiriau o dan lun a'm harweiniodd ar ddisberod. O dan ffotograff arbennig fe ddyfynnais rigwm gan Harri Webb, na theimlwn ei fod yn cyfeirio at unrhyw un yn bersonol ond yn cyfeirio'n gyffredinol at lygredd gwŷr cyhoeddus. Ond fe gwynodd rhywun ac fe gostiodd hynny tua £600 i'r papur. Flynyddoedd wedi hynny y deuthum i wybod fod rhigwm Harri Webb yn cyfeirio at rywun penodol wedi'r cyfan, at Thomas Jones CH, ysgrifennydd personol Lloyd George. Ond nid hwnnw gwynodd!

Yn sgil y digwyddiad hwnnw fe ddysgais wers na wnes i erioed ei hanghofio, sef nad corff y stori yn unig sy'n bwysig o ran cywirdeb cyfreithiol. Rhaid bod yn ofalus o unrhyw beth sy'n ymddangos o dan lun hefyd. Heddiw teimlaf fod y rhai sy'n gyfrifol am bapurau a chylchgronau yng Nghymru yn rhy ofnus. Mae yna ormod o barchedig ofn. Rwy'n dal i hoffi'r hen ddywediad hwnnw gan Arthur Wellesley, Dug Wellington, pan fygythiodd Harriette Wilson gyhoeddi ei lythyrau ef ati yn ei hunangofiant hi. Ymateb Wellington oedd, 'Cyhoeddwch, ac i'r diawl â chi.' Os oes unrhyw un yn eich herio, yna heriwch nhw'n ôl. Bygythion gwag yw'r rhan fwyaf a wneir, beth bynnag. Dylai unrhyw newyddiadurwr gwerth ei halen wybod mwy am y gyfraith parthed enllib ac athrod na mwyafrif y rhai sy'n bygwth.

Droeon yn ystod fy ngyrfa derbyniais fygythiadau o ddod ag achos cyfreithiol yn fy erbyn. Fy ateb bob tro fu,

'Iawn, fe gawn ni gwrdd yn y llys'. Ni wireddwyd yr un o'r bygythiadau hynny, ar wahân i'r un a enwais, er na fu'n rhaid i mi ymddangos o flaen fy ngwell bryd hynny chwaith. Ac erbyn heddiw yn fy henaint dydw i ddim yn becso'r dam. Daw un o ddywediadau mawr Pontshân i'm cof bob tro y daw bygythiad, *I'm too old a cat to be shagged by a kitten*.

Rhoddais y gorau i weithio ar *Y Cymro* ddechrau haf 1986 pan wnaeth Wil Aaron o Ffilmiau'r Nant gynnig Maffiaidd i mi na fedrwn ei wrthod. Roedd Wil am i mi fod yn un o dri chyflwynydd ar gyfres gylchgrawn newydd ar S4C, *Hel Straeon*. Byddwn yn gweithio'n rhan-amser ond bod gofyn i mi fod ar gael ar gyfer unrhyw ddiwrnod pan ddeuai'r galw. Er na fyddwn, ar ambell wythnos, ond yn gweithio ddau neu dri diwrnod, gallwn fod hefyd yn gweithio wythnos lawn ar rai adegau – a byddai tâl diwrnod yn fwy na thâl wythnos ar *Y Cymro*. Sut fedrwn i wrthod?

Gwn i mi siomi Llion, un a fu'n dda ac yn deg iawn i mi fel cyflogwr. Ond teimlaf yn siŵr ei fod ef hefyd, yn ei ffordd, yn falch fod ganddo un yn llai i'w gyflogi ar y staff. Bu imi barhau i ddanfon ambell stori ato ond roedd cymaint o waith ac o deithio i'w wneud ar *Hel Straeon* fel i mi roi'r gorau'n llwyr i'm gwaith papur newydd am y tro.

Roedd gen i bellach docyn hirdymor ar y trên grefi. Nid trên stêm na thrên disel oedd hwn ond trên a yrrid gan arian.

Cymro oddi Cartref

Ar *Y Cymro*, prin iawn fyddai'r adegau pan fyddai gofyn i mi dreulio amser oddi cartref. Ar *Hel Straeon* fe newidiodd pethau'n fawr. Golygai'r cytundeb, a hwnnw'n gytundeb llafar, y cawn isafswm o ddeuddeg diwrnod o waith bob mis a hynny am dâl, heb ystyried treuliau, o gan punt y dydd. Golygai hynna isafswm cyflog o ddau can punt yr wythnos, arian poced o'i gymharu â'r hyn oedd rhai yn ennill gan gwmnïau eraill. Ond i mi, roedd yn ddyrchafiad sylweddol. Byddai gofyn i mi dreulio aml i noson i ffwrdd yn rhywle neu'i gilydd ac ar ymweliadau tramor byddwn i ffwrdd am wythnos ar y tro weithiau. Yn wir, ar adegau prin, treuliais gymaint â mis cyfan i ffwrdd.

Doedd gwaith teledu ddim yn gwbl newydd i mi. Ddiwedd y saithdegau cefais gyfle i gyfrannu i raglen Suliol Hywel Gwynfryn, a gâi ei theledu'n fyw o Broadway oddi ar Heol Casnewydd. Elinor Mathias oedd y tu ôl i'r syniad o roi cyfle i mi grynhoi digwyddiadau'r wythnos mewn slot o tua phum munud. Ochr yn ochr â'm sylwadau i byddai Keith Trodden yn llunio cartwnau lliwgar. Rhaglen fyw oedd hon ac er na sylweddolais hynny ar y pryd, roedd yn baratoad da ar gyfer yr hyn oedd i ddod. Hwn oedd fy mhrofiad cyntaf o ddefnyddio teleweinydd, sef dull o ddangos sgript y cyflwynydd o flaen lens y camera. Roedd yn gas gen i'r syniad bryd hynny ac mae'n gas gen i'r syniad o hyd.

Mae'r teleweinydd yn ddyfais sy'n medru cuddio beiau aml gyflwynydd ac fe'i defnyddir gan rai o'n cyflwynwyr amlycaf. Yr anfantais yw y medrwch ddod yn or-ddibynnol arno. Mae'n creu cyflwynwyr diog ac os aiff rhywbeth o'i le, yna mae'r cyflwynydd yn y caca. Mae'n well o lawer gen i fod yn fyrfyfyr.

Yn dilyn dyfodiad S4C cefais fy nhrwyn i mewn trwy leisio ambell raglen, ynghyd â chyflwyno pencampwriaeth bêl-droed chwech-bob-ochr ym Mangor gyda Nic Parry. Yna cefais gynnig i gyflwyno'r gyfres banel *Pwy sy'n Perthyn?* Fel *Hel Straeon* a'i dilynodd, baban Wil Aaron oedd *Pwy sy'n Perthyn?* Cofiaf e'n fy ffonio tua mis cyn Eisteddfod Genedlaethol Môn 1985, yn gofyn a wnawn ystyried cyflwyno'r gyfres. Fy ngreddf gyntaf oedd gwrthod. Yn groes i'r ddelwedd gyhoeddus, dydw i ddim yn ddyn hunan-hyderus. Rwy'n ofidiwr mawr a phan fydd rhyw waith go bwysig gen i ar y gorwel fe gollaf gwsg. Byddaf yn ymarfer yr hyn fydd angen ei wneud dro ar ôl tro yn fy ngwely'r nos.

Mae hyn, i raddau, yn mynd yn ôl i ddyddiau'r *Cymro* ac yn ymwneud â'r ffaith nad ydw i'n gyrru car. Mae rhywun sy'n gyrru yn gorfod canolbwyntio ar hynny, ond pan fyddwn i'n teithio tuag adref ar drên neu fws, ar ôl cyf-weld rhywun neu fod yn bresennol mewn rhyw gyfarfod arbennig, byddwn yn creu'r stori yn fy meddwl. Erbyn i mi gyrraedd adref byddai'r stori yn gyfan wedi ei serio ar fy meddwl a dim ond ei gosod ar bapur roedd ei angen.

Mewn ffordd roedd hyn yn fendith. Ond gall hefyd droi yn ffobia sy'n cadw rhywun ar ddihun am oriau hir. Rwy'n dioddef ohono o hyd. Os daw rhyw chwilen i'm pen cyn i mi gysgu yna fe fydd yno tan y bore ac ni chilia nes y byddaf wedi gosod yr hyn sydd ar fy meddwl ar bapur. Ac yn achos y penderfyniad a ddylwn gyflwyno *Pwy sy'n Perthyn?* neu beidio, dioddefais bangau o amheuon ac oriau lawer o ddiffyg cwsg.

Ar ôl cytuno i ymgymryd â'r gwaith cefais fy hun yn y babell ddrama ar Faes Eisteddfod Môn yng Nghaergybi wedi i'r Brifwyl ddod i ben. Yno trefnwyd ymarfer ar gyfer cyfres gyntaf y rhaglen. Mae'n rhaid fy mod i wedi bodloni Wil gan i mi gael fy nghyflogi ar gyfer y swydd. Roedd y gyfres yn gweithio'n dda. Byddai pedwar panelydd yn gorfod holi tri gwestai gyda'r prif westai yn honni bod yn rhywbeth neu'i gilydd. Y gamp wedyn i'r panel oedd penderfynu pwy oedd yn dweud celwydd a phwy oedd yn dweud y gwir. I ni'r Cymry, sydd ag obsesiwn â chysylltiadau teuluol, roedd hi'n rhaglen berffaith. Ac fe brofodd ei gwerth wrth iddi fod, ar brydiau, ar y brig ac yn ddi-ffael yn ail i *Pobol y Cwm*.

Ar ôl cychwyn da gan Wil Aaron, mabwysiadwyd y gyfres gan HTV, ac yn dilyn cyfres a recordiwyd yn yr Wyddgrug, fe symudodd i lawr i Gaerdydd. Bodlonaf yma ar un atgof pleserus o blith dwsinau. Y criw gwadd oedd y digrifwr Dilwyn Edwards a'i wraig ac un o'u ffrindiau. Roedd gwraig hwnnw'n bresennol hefyd. Cyn y recordiad roedd y pedwar ohonynt ym mhen draw'r adeilad yng Nghroes Cwrlwys, yn methu â chanfod eu ffordd allan. Ni wyddent fy mod i tu ôl iddynt. Roedd gan HTV ddyfais ddiddorol ar ffurf carped glas ag arno lwybr igam-ogam onglog melyn yn arwain tuag at yr allanfa. A dyna lle'r oedd y pedwar yn dyfalu pa ffordd ddylent fynd pan awgrymodd un o'r criw, wrth weld y llwybr melyn, 'Diawl, beth am i ni ddilyn y piso hwch!' Dim ond gwladwyr craff fyddai wedi meddwl am y fath gymhariaeth. Ac mae hyn yn dwyn i gof yr annwyl Dilwyn, un o'r dynion doniolaf i droedio llwyfan yng Nghymru erioed. Ef i mi oedd Tommy Cooper y Cymry Cymraeg. Roedd ganddo jôcs a oedd yn gwbl Gymraeg a Chymreig eu naws. Un arall yn yr un traddodiad yw Alun James, Cilgerran.

Parhaodd *Pwy sy'n Perthyn?* am dair neu bedair cyfres a hyd heddiw teimlaf iddi fod, ar y cyd â *Jacpot*, yn un o'r cyfresi gorau o'i bath ar S4C. Ond yn ôl traddodiad gorau – neu waethaf – S4C fe laddwyd rhaglen a oedd yn llwyddiant.

Yn wahanol i *Pwy sy'n Perthyn?* ni phetrusais pan wahoddwyd fi i fod yn un o dri chyflwynydd *Hel Straeon*, fel y soniais eisoes. Yn un peth, roedd y syniad y tu ôl i hon yn fwy at fy nant, sef cyfarfod â phobl yn eu cynefin eu hunain. Ffactor bwysig arall i mi oedd y byddwn yn un o dri chyflwynydd, felly fe gâi'r baich ei siario.

Sefydlodd Wil Aaron uned o fewn Ffilmiau'r Nant ar gyfer y fenter newydd a bu'n glyfar gyda'i ddewis o gyflwynwyr. Wel, o ran dau ohonynt, beth bynnag! Yr angor oedd Gwyn Llewelyn, hen ben yn y busnes cyflwyno ac un dihafal o ran ei ieithwedd. Yna Catrin Beard, enw cymharol newydd a thipyn o gymêr ffres a di-lol, ac yn edrych yn hardd. Yn sicr, nid harddwch oedd yr elfen a wnaeth i Wil fy newis i. Credaf yn hytrach i mi gael fy newis am fy mod i'n ddigon gwirion i wneud unrhyw beth, o fewn terfynau. Beth bynnag am ein cryfderau a'n ffaeleddau, roeddem yn dri cwbl wahanol, anghenraid ar gyfer rhaglen o'r fath.

Patrwm *Hel Straeon* oedd cyflwyno rhyw dair neu bedair eitem amrywiol o fewn hanner awr – yn ddigwyddiadau, cymeriadau a hanesion lleol, cenedlaethol a rhyngwladol. Cofiaf yn dda fy eitem gyntaf oll, stori yr awgrymais i fy hunan am ddau frawd dawnus o ochrau Cribyn ger Llambed. Roedd Glyn ac Orwel Jenkins yn ddau ffermwr talentog, y ddau ohonynt yn bianyddion ond yn gwahaniaethu'n fawr o ran arddull. Y traddodiadol oedd maes Glyn, yn arbennig emyn-donau. Roedd Orwel, ar y llaw arall, yn athrylith jazz. A dyna i chi ddarlun a wnâi'r ddau ar brynhawn dydd Llun yn y Cŵps yn Aberystwyth, lle galwent bob diwrnod mart. Gallent yn hawdd fod wedi camu allan o un o luniau Aneurin Jones. Dau dalp o fawndir Ceredigion yn eu capiau stabal a'u dillad brethyn a'r dwylo fel rhofiau yn anwesu'r ifori mor dyner â 'glaw ar y gwlith', chwedl Dewi Emrys.

Ar gyfer y rhaglen gyntaf, a ffilmiwyd yn ystod wythnos olaf Medi 1986, ceisiwyd ffilmio'r eitemau fel petaen nhw'n fyw, gyda'r tri chyflwynydd ar leoliadau gwahanol yn cysylltu â'i gilydd drwy gyfrwng cyfarpar clywed. Buan y sylweddolwyd nad oedd angen y fath ystryw a bodlonwyd ar greu eitemau llai cymhleth, gyda phob stori yn hunanddigonol o fewn gofynion yr hanner awr, neu i fod yn fanwl, y 27 munud.

Roedd hi'n dal yn gyfnod cynnar ar S4C a gofynion ffilmio yn rhai eang iawn. Yn aml byddai criw o chwech yn cyrraedd ar gyfer creu un eitem o bump neu chwe munud. Byddai yno gyfarwyddwr, dyn camera ac weithiau gynorthwywr camera, dyn sain, dyn trydan a chynorthwyydd cynhyrchu, neu PA. Ac, wrth gwrs, y cyflwynydd. Ymhob achos, ar wahân i'r PA, dynion fyddai'r cyfan o'r criw ffilmio. Erbyn heddiw, mae menywod wedi hawlio'u lle ymhob un o'r swyddi hyn ac mae nifer y criw wedi disgyn i'r hanner, ac mewn amryw achosion hyd yn oed yn llai na hynny. Yn wir, mewn rhai achosion erbyn hyn ceir un person yn gwneud y gwaith i gyd.

Roedd pob eitem a gâi ei ffilmio yn werth dau ddiwrnod o waith. Y ffilmio fyddai'r diwrnod cyntaf. Yna byddai angen teithio i Gaernarfon – neu'n aml i Gaerdydd yn ddiweddarach – ar gyfer lleisio'r eitem. Gyda'r lleisio, byddwn yn gwneud llawer o'r sgriptio fy hunan gan weithio o gopi wedi ei fras-olygu a'i chwarae ar y peiriant fideo gartref.

Mae'r hen lyfr cownt ar gyfer y flwyddyn ariannol

gyntaf honno gen i o hyd ac mae amrywiaeth yr eitemau yn anhygoel. Hanes dwy chwaer o Lambed a siaradai eu hiaith gyfrin eu hunain. Hanes dyfais ar gyfer darganfod ffuret petai hi'n mynd ar goll dan ddaear. Ffilmio busnes hurio teirw Ronw James yng Nghaerfyrddin. Sgwrs â Tom Herbert y Fet yn y Cei Newydd. Panto Felinfach. Sgwrs ag Ithel Davies. Arwerthiant cŵn defaid yn Nhregaron. Ffilmio ficer yn Llanfarian a oedd yn llunio'i ddillad seremonïol ei hunan. Ffilmio fferm a oedd yn bridio pryfed genwair ar y Mynydd Bach. Cyf-weld â T. Llew Jones yn sôn am y Mabinogion ar fryncyn uwchlaw Aberteifi. Ac ar gyfer diwrnod Ffŵl Ebrill, ffilmio Eirwyn Pontshân yn sôn am sbectol ieir (sy'n stori wir, gyda llaw). A dim ond chwarter y storïau yw'r rheina.

Roedd y teithio yn anhygoel. Mewn un mis, sef mis Mai 'nôl yn 1987, er enghraifft, dyma'r mannau y bûm ynddynt: Caernarfon, Bangor, Caernarfon eto, Llansteffan, Llandyfrïog, Solfach, y Bala, Machynlleth, y Bala eto, Dolgellau, Porthmadog, Caerfyrddin a'r Borth. Dibynnwn ar fysys neu drenau o hyd ond erbyn hyn roedd Jên yn dechrau dysgu gyrru. Newidiodd hynny gryn dipyn ar bethau er i mi hyd yn oed wedyn orfod dibynnu'n aml ar rywrai eraill i yrru'n car ni, yn arbennig Twm Pickfords, neu Tom Evans, ac yna Rhystud Jones, y naill yn gyn-yrrwr bws a'r llall yn gyn-yrrwr ambiwlans. Bu farw'r ddau yn llawer rhy ifanc.

Yn ystod y flwyddyn gyntaf, ac eithrio Wil Aaron ei hunan, cyfarwyddwyr o'r tu allan fyddai'n gyfrifol am y gwahanol eitemau. Newidiodd hynny wrth i'r gyfres fynd rhagddi. Tyfodd y cwmni, gyda'i bencadlys yng Nghaernarfon, i ymron ugain gan agor ail ganolfan yn ardal y dociau yng Nghaerdydd.

Roedd gan Wil Aaron – ac mae ganddo o hyd – enw da fel un a weithiai o fewn cyfyngiadau cyllidol. Yn ystod deng mlynedd cyntaf S4C gwelwyd arian yn cael ei wastraffu fel dŵr glaw gan rai cwmnïau. O ran *Hel Straeon* byddai un rhaglen hanner-awr yn costio tua £14,000. Arian mawr? Cardod o'i gymharu â chyllid rhai rhaglenni. Yn achos *Hel Straeon* byddai pedair eitem yn golygu talu criw ffilmio bedair gwaith. Ac ar ôl y ffilmio byddai angen golygu a lleisio pob eitem a chreu un pecyn twt cyn dangos rhaglen orffenedig. Ar ben hyn, wrth gwrs, roedd angen talu cyflogau'r ymchwilwyr a'r gweinyddwyr yn y swyddfa. Ffilmiau'r Nant, a Seiont a ddaeth ar ei ôl, oedd un o'r ychydig gwmnïau i lwyddo i greu cyfresi nid yn unig o fewn ond o dan y gyllideb. Ac ar ddiwedd blwyddyn ariannol câi'r arian a fyddai'n weddill ei anfon yn ôl yn ddieithriad i S4C. Credwch fi, doedd hyn ddim yn arferiad cyffredin. Roedd y tan-wario yn ystod oes y gyfres tua £2 filiwn, a phob dimai wedi ei dychwelyd. Dim cyfrifon banc yn Jersey i *Hel Straeon*, felly!

Dysgais lawer am y diwydiant wrth weithio ar y gyfres. Gwahanol flaenoriaethau'r cyfarwyddwyr, er enghraifft. Trefnai rhywun fel Hywel Davies yn fanwl ymlaen llaw heb adael unrhyw beth i siawns. Byddai ganddo amserlen fanwl a thyn a thorrai am ginio am un o'r gloch yn ddieithriad. Roedd Phil Edwards, ar y llaw arall, yn gredwr cryf mewn saethu cymaint o dâp ag a fedrai gan wybod wedyn fod ganddo bopeth posibl ar glawr. Roedd gan Ioan Roberts wedyn lygad a chlust newyddiadurwr; medrai weld stori cyn ac wrth ei saethu a mynnai sgriptio'i eitemau ei hunan. Pan ddeuai'n amser lleisio eitem, roedd Ioan yn ddihafal i gyflwynydd. Byddai pob gair, pob cymal, pob brawddeg yn eu lle ac wedi eu hamseru'n berffaith.

Dylwn esbonio, hwyrach, natur ac anghenion lleisio. Ar ôl ffilmio câi'r tapiau hanner awr o hyd, a amrywiai o dri neu bedwar ar gyfer eitem i dros ugain ar gyfer rhaglen hanner awr, eu golygu a'u torri. Câi'r darnau wedyn eu gosod gyda'i gilydd fel jig-so gan y golygydd. Tueddir i feddwl fod rhaglen yn cael ei saethu yn yr un drefn ag y caiff ei dangos. Ond, mewn rhaglen neu eitem gylchgrawn, y gwir amdani yw mai'r cyflwyniad yn aml yw'r darn olaf i'w ffilmio gan ei bod hi'n haws cyflwyno darn agoriadol ar ôl gwybod yn hollol beth yw'r cynnwys i fod. Pan gysylltir gwahanol ddarnau mae angen linc rhwng un darn a'r llall, a dyma lle mae sgriptiwr da yn bwysig. Mae hi'n rheol euraid na ddylid byth ddisgrifio'r hyn sy'n ymddangos ar y sgrin. Pwrpas lleisio yw hysbysu'r gwylwyr o'r hyn nad ydynt yn ei weld, gan ychwanegu at eu gwybodaeth.

Y dolenni cydiol hyn yn ogystal â darnau i gamera gan y cyflwynydd sy'n cysylltu'r rhannau eraill. Ac mae cyflwyno darn yn uniongyrchol i gamera yn waith a all fod yn anodd. Rhaid, yn un peth, gofio llinellau a ffeithiau. Yn ail rhaid cyflwyno heb fod yn bregethwrol ond yn hytrach fel rhywun sy'n cymell y gwyliwr i wylio. Clywais unwaith beth oedd y prawf o eitem dda, sef Prawf y Fisgeden. Meddyliwch am rywun yn gwylio eitem wrth drochi bisgeden yn ei de. Mae'n cael ei ddenu gymaint gan yr eitem fel ei fod yn anghofio tynnu ei fisgeden allan ac mae hi'n toddi yn y te. Damcaniaeth debyg i raglen roc *The Old Grey Whistle Test*, pan fo rhywun yn chwibanu tôn ar ôl clywed cân arbennig.

Byddwn yn casáu darnau i gamera. Medrwn holi rhywun drwy'r dydd a mwynhau gwneud hynny ond pan ddeuai'n ddarn i gamera byddwn yn gwaredu rhag hynny. Mae cymaint o bethau a all fynd o'i le. Gall rhywun gyflwyno darn sy'n berffaith o'i ran ei hun neu'r cyfarwyddwr ond yna fe gewch ddyn sain sy'n anhapus. Mae dynion – ac erbyn hyn, fenywod sain – yn greaduriaid sensitif iawn. Os clywant drwy eu hoffer gwrando unrhyw sŵn sy'n uwch na sŵn gwybedyn yn rhechen ar draws llais y cyflwynydd, yna mae hynny'n ddigon o esgus i ailrecordio'r darn. Ar ben hynny mae ymyriadau fel car neu fotor-beic yn pasio ar eiliad dyngedfennol yn ddigon i orfod ailgyflwyno darn. Heb sôn am awyrennau. Tyngaf fod ambell beilot, o weld criw ffilmio, yn mynd allan o'i ffordd i hedfan yn isel uwchben.

Y record o ran sawl gwaith y bu'n rhaid ailwneud darn i gamera i mi yw 14, a hynny ar Fwlch y Groes uwchlaw Dinas Mawddwy, man digon tawel gallasech feddwl. Bob tro yr awn ati byddai car neu fotor-beic yn sicr o dorri ar fy nhraws. Neu awyren, wrth gwrs. Yna byddwn yn gweiddi a thyngu gan greu cyfraniadau teilwng ar gyfer tapiau Nadolig. Tapiau Nadolig oedd y cofnodion gweledol a lleisiol o droeon chwithig a oedd wedi digwydd i'r cyflwynwyr yn ystod y flwyddyn. Cyfrannais yn hael i'r rheiny.

Mae cyflwynwyr sy'n feistri ar ddarnau i gamera yn fodau prin iawn. Ymhlith y goreuon yn Saesneg mae'r cogydd Keith Floyd; y naturiaethwr David Attenborough a'r arch-deithiwr Alan Whicker. Yn Gymraeg y meistri yw Dai Jones, Aled Samuel a Dewi Pws. Maent oll yn eu helfen yn sgwrsio â chamera.

Ond yn y bôn mae pob eitem neu raglen lwyddiannus yn dibynnu ar stori dda. Yn ystod blwyddyn gyntaf *Hel Straeon* cynigiodd Wil Aaron £50 am bob syniad a gâi ei ddefnyddio. Y flwyddyn honno cyfrannais 50 o syniadau, cyfartaledd o un yr wythnos. Erbyn yr ail flwyddyn gostyngwyd y tâl i £40 y syniad! Ysgwn i pam?

Roedd *Hel Straeon* mor llwyddiannus yn ystod ei blwyddyn gyntaf fel i ni gael ail raglen bob nos Fercher, a gyflwynid o stiwdio Barcud yng Nghaernarfon. Câi ei recordio yn ystod y prynhawn i'w dangos fel petai hi'n rhaglen fyw. Golygai hyn, gyda dwy raglen yr wythnos, fod fy nyddiau'n llawn. Eitemau stiwdio oedd cynnwys y rhaglenni nos Fercher, wedi eu gwau rhwng eitemau a ffilmiwyd y tu allan. Bu cwyno mawr gan rai cwmnïau eraill am i ni gael cymaint o'r gacen. Ond y gwir oedd ein bod ni'n llwyddiannus a Wil Aaron wedi taro ar fformiwla berffaith.

Mae'n anodd gwerthfawrogi erbyn hyn bod *Hel Straeon* wedi torri tir newydd o ran cyflwyno eitemau a rhaglenni dogfen gan i bawb wedyn fabwysiadu'r un dulliau. Ond roedd Wil yn arloeswr ac yn athrylith. Mae'n warthus meddwl erbyn hyn bod y rhan fwyaf o'i gyfraniadau yn gyfyngedig i gyfresi Saesneg fel *Fishlock's Travels*, er mor wych yw'r rheiny. Mae Wil wedi anghofio mwy nag y mae rhai cyfarwyddwyr wedi ei ddysgu. Mae fy nyled iddo yn un enfawr.

Yn ogystal â rhaglenni cyfansawdd ddwywaith yr wythnos dechreuodd *Hel Straeon* hefyd gael tragwyddol heol i fynd ar ôl storïau hanner awr, a hynny ledled y byd. A'r angen i deithio ymhell wnaeth fy ngorfodi yn y diwedd i hedfan. Gallwn fynd i rywle fel Paris yn ddidrafferth ar long fferi. Ond yna daeth cyfle i fynd i'r Ffindir ar gyfer cystadleuaeth cerfio mewn rhew, a'r unig ffordd oedd hedfan neu golli'r cyfle i fynd.

Wrth i ddyddiad y ffilmio agosáu, cynyddai fy ofnau. Gweddïwn am unrhyw beth a allai fy atal. Buaswn yn fodlon torri coes neu fraich er mwyn osgoi hedfan. Ond gwawriodd y dydd a chefais fy ngyrru i Aberafan gan Meifis Griffiths, y PA. Bu bron i'm gweddïau gael eu gwireddu wrth i ni gyrraedd yr orsaf yn hwyr ar gyfer y trên i Heathrow. Yn anffodus roedd y trên hefyd yn hwyr. Diwedd y gân oedd i mi, ar ôl llyncu sawl diod boeth, fynd ar yr awyren a chael taith ddigon didrafferth i

Helsinki ac ymlaen i Savonlinna ar awyren fach gydag injan betrol.

Erbyn hyn rwyf wedi hedfan ganwaith ond ni ddiflannodd yr ofn. Mae'r cyfan yn fy atgoffa o stori am y diweddar Luke Kelly, canwr y Dubliners, a oedd yn arswydo pan ddeuai'n amser hedfan. Roedd y band ar awyren un tro yn barod i esgyn oddi ar faes awyr Munich, a Ronnie Drew yn ceisio cysuro Luke drwy ddweud wrtho, 'Paid â becso. Os yw dy amser di lan, yna mae dy amser di lan.' O'r cefn daeth llais Barney McKenna, 'Popeth yn iawn, Ronnie. Ond beth wnawn ni os bydd amser y blydi peilot lan?'

Y rheswm dros y daith i Savonlinna oedd bod criw o Gymry ymhlith y cystadleuwyr cerflunio iâ. Yn anffodus, er i ni gyrraedd yno yn y Mis Bach, roedd y rhew yn meirioli a'r timau yn ei chael hi'n anodd wrth weld eu campwaith yn toddi o'u blaenau. Deunydd crai'r cystadleuwyr oedd blociau anferth o rew tua ugain troedfedd o uchder a thua deg ar draws. Y gamp oedd creu darnau addas y medrai plant eu defnyddio wedyn. Ond oherwydd y dadmer bu'n rhaid iddynt orchuddio'u creadigaethau yn ystod y dydd a gweithio arnynt yn ystod oerni'r nos.

Roedd hwn yn gyfnod pan welwyd dadmer, nid yn unig yn y tywydd ond hefyd o fewn y Sofiet. Mae Savonlinna ar y ffin â Karelia yng ngogledd-orllewin Rwsia, felly roedd nifer o gyn-wledydd yr hen Sofiet yn cystadlu. Fe enillodd Estonia un o'r gwobrau a dyma fi, gan feddwl fy mod i'n genhadwr rhyngwladol, yn gofyn i gapten tîm Estonia ddweud rhywbeth am ei wlad wrthym ni'r Cymry. Fe safodd hwnnw yn dalog o flaen y camera, codi ei freichiau i'r awyr a bloeddio, '*Estonia! Bolocs!*'

Yn dilyn y daith honno i Savonlinna, torrwyd yr iâ, fel petai. Cefais wedyn gyfle i hedfan i America droeon, ac unwaith i Awstralia, chwe awr ar hugain gyda dim ond seibiant o hanner awr yn Bangkok. Y teithiau i America fu'r rhai mwyaf diddorol i mi. Roeddwn i wedi darllen cymaint am Efrog Newydd a Chicago ac wedi gweld Pont Brooklyn a'r Bronx, y Loôp a bar *Cheers* ar ffilmiau ac ar deledu. Nawr dyma eu profi'n bersonol. Euthum deirgwaith i Efrog Newydd a ffoli ar y lle.

Y tro cyntaf i *Hel Straeon* fynd yno oedd yng nghwmni crwt ifanc o Gaerdydd, Dafydd, a oedd wrth ei fodd â phêl-droed Americanaidd. Yn anffodus, ni allai chwarae'r gêm ei hun gan ei fod yn dioddef o ddystroffi'r cyhyrau ac yn gaeth i'w gadair olwyn. Ond os oedd ei symudiadau'n gyfyngedig roedd ei ddychymyg yn hedfan. Gyda Dafydd daeth ei dad, ei chwaer a ffrind ysgol, a chawsom dderbyniad rhyfeddol. Cafodd Dafydd gyfarfod â sêr y New York Giants a'r Philadelphia Eagles. A'r eiliad a gofiaf o'r holl raglen oedd honno pan welodd e chwaraewyr yr Eagles yn cerdded tuag ato bob yn un i ysgwyd ei law. Trodd at y camera, gwasgu ei foch rhwng bys a bawd i wneud yn siŵr nad breuddwyd oedd y cyfan gan ddweud, 'Pinsh! Pinsh!'

Tua phedair ar ddeg oed oedd Dafydd ar y pryd a diagnosis y meddygon oedd mai ychydig iawn o amser oedd ganddo ar ôl. Ond bu fyw Dafydd tan eleni. Roedd yn 29 mlwydd oed pan fu farw. Hoffwn feddwl i'r daith honno, a wireddodd freuddwyd iddo, fod yn gyfrifol hefyd am ymestyn ei fywyd.

Taith arall i Efrog Newydd oedd honno yng nghwmni Wyn Lodwick, ac yntau ar bererindod flynyddol er cof am ei hen gyfaill Dil Jones, y pianydd byd-enwog o'r Cei Newydd a fu farw yn y ddinas. Yno ar yr afon y chwalwyd ei lwch. Mae Wyn yn aelod anrhydeddus o'r Harlem Blues and Jazz Band a chawsom ein tywys o gwmpas Harlem gan Johnnie Williams, chwaraewr bas y band.

Roedd pob un o'r aelodau wedi chwarae gyda sêr oedd yn chwedlau, yn eu plith Louis Armstrong, King Oliver, Ella Fitzgerald a Frank Sinatra. Ac yn eu canol, yn gwbl haeddiannol, y clarinetydd annwyl o Lanelli.

Y trydydd tro, rhyw frechdan oedd Efrog Newydd rhwng Chicago a Gogledd Carolina a hynny yng nghwmni dau glamp o gymeriad, John Nantllwyd a Charles Arch. Pen y daith oedd tref yn Atlantic City o'r enw Morehead City, enw addas i ganolfan Pennau Moel y Byd. Yno bob blwyddyn cynhelir pencampwriaeth gyda'r moelion yn cystadlu mewn gwahanol gategorïau. John a Charles a minnau oedd yn cynrychioli Cymru o dan yr enw Moelion Gwalia: rhyngom fe enillom bedair gwobr.

Un o uchafbwyntiau'r daith hon fu cael ein cludo mewn car o faint tanc, rhyw Lincoln Continental gwyn, gan wraig o'r enw Barbara. Roedd pedwar ohonom yn eistedd yn gysurus yn y cefn a dim ond Barbara a John yn y tu blaen, a John yn eistedd yn hynod o glòs wrthi. Gwnaeth Charles sylw yn y cefn o weld John yn closio ati,

'Diawl, fe fydd hon yn torri'r bara menyn yng nghneifio Nantllwyd y flwyddyn nesaf.'

A John yn ateb, 'Na fydd, glei. Mae hon yn rhy dda i dorri bara menyn. Fe bryna i dorth wedi'i sleisio iddi.'

Roedd y gŵr a drefnai'r holl sioe ei hun yn foel. Roedd gan John T. Capps II ben anferth a siâp hynod arno. Disgrifiad John Nantllwyd o ben y trefnydd oedd ei fod yn ymddangos fel 'wy twrcen'.

Y daith fwyaf hynod i America oedd honno i El Paso, man a oedd wedi fy swyno i er pan oeddwn i'n grwt. Yno roedd y Badlands. Yno roedd cefndir cân Marty Robbins am Rosie a'i *Cantina*. Ac yno yr aethom i ffilmio criw o Gymry a oedd yn mynd o fferm i fferm i gywain cnwd y milo.

Saif El Paso ar y ffin rhwng Mecsico a Thecsas gyda dim

ond y Rio Grande yn eu gwahanu. Mae'r dref yn nythu rhwng traed y Sierra Madre ac roedd yr enwau eu hunain wedi fy swyno: El Paso, Rio Grande a Sierra Madre. Edrychwn ymlaen at weld *haciendas* lliwgar, *cantinas* llawn miwsig gitâr, *señoritas* mewn sgertiau bach cwta yn dawnsio'r *fandango*. Ond o'r fath siom! El Paso oedd y twll mwyaf i mi ei weld ar wyneb daear Duw. Ac am y Rio Grande, gwelais garthffos fwy deniadol.

Croesi'r afon – neu'r gwter – wedyn i dref Juarez ym Mecsico, yr union Juarez lle bu Bob Dylan ar goll yn y glaw adeg y Pasg. Yno cyfarfu â Melinda, duwies tristwch, yn Rue Morgue Avenue, profiad a aeth i mewn i'w gân 'Just Like Tom Thumb's Blues'. Twll arall, a'r tlodi yn affwysol.

Eto i gyd, mwynheais yr ymweliad yn fawr gan i mi wireddu un freuddwyd, cael gweld yr aderyn cartŵn gwirion hwnnw, y Roadrunner. Rhedais ar ôl un ohonynt yn null mwyaf cyfrwys y Wiley Coyote, ond er nad aeth 'Bîp-bîp', doedd gen i ddim gobaith o'i ddal.

Profiad diddorol arall fu galw am frecwast yn y *cantina* agosaf bob bore, a'm tafod yn dod yn fwy goddefol o'r salsa eiriasboeth bob dydd. Ond methais yn lân â chyfarwyddo â'r tsili poethaf i mi ei brofi erioed, y *jalopenia*. Dim rhyfedd bod y Rio Grande yn brin o ddŵr; mae bwytawyr *jalopenia* wedi ei hyfed hi'n sych.

I'r *cantina* bob bore deuai'r siryf lleol a'i ddynion. Roedd yn ddyn anferth, a allai'n hawdd fod yn un o actorion *The Dukes of Hazzard*. Gwisgai Stetson fawr ddeg galwyn ac roedd ganddo fol fel casgen. Câi ei gyfarch bob bore gan y ferch y tu ôl i'r cownter,

'*Mornin, Marshal.*'

Atebai yntau, '*Mornin, Mary Belle.*'

Yna tynnai ei wregys a'i ddau bistol a'u gadael ar y bwrdd tra gosodai ei ddirprwyaid eu gynnau hela yn y gornel. Yna byddai'r Siryf yn troi atom ni, yn cyffwrdd ymyl ei het ac yn dweud,

'Mornin, boys, how y'all?'

Yr un fyddai'r drefn bob bore. Ond roedd yn hen foi iawn. Cawsom wahoddiad ganddo un dydd i groesi i Fecsico drwy un o'r mynedfeydd y byddai ceiswyr lloches o Fecsico yn ceisio croesi drwyddi. Ond o weld y Marshal, diolchwn i Dduw nad oeddwn yn Fecsicanwr a geisiai sleifio i mewn.

Y daith fwyaf pleserus, er gwaetha'r pellter, oedd honno i Sydney, taith ar gyfer ffilmio un o'r storïau mwyaf poblogaidd i ni ei ffilmio erioed. Deilliodd y cyfan o'm cyfeillgarwch â Dic Jones o Aberystwyth sy'n dal i weithio fel technegydd drymiau i'r band roc AC/DC. Roedd yn dipyn o jôc barhaol rhwng Dic a minnau ynglŷn â chael ei ffilmio gyda'r band. Atebai Dic bob tro y byddai'n trefnu hynny. Aeth blynyddoedd heibio cyn iddo fy ffonio un diwrnod ar ddechrau Hydref 1991, gan fy atgoffa o'i addewid. Ac yn wir, nid cellwair oedd e. Roedd rheolwr y band a'u hasiant wedi cytuno y caem eu ffilmio. Byddai modd i ni naill ai ffilmio cyngerdd ym Manceinion neu yn Sydney. Does dim angen gofyn pa leoliad ddewisais i.

Cawsom aros yn y Sebel Town House yng nghanol pwysigion fel Gloria Estefan a'r Miami Sound Machine, y band Texas a'r actor Dennis Waterman. Ac yno bob awr ginio, yn sipian peint, byddai David Carradine, seren y gyfres deledu *Kung Fu*. Un arall o ffyddloniaid y bar oedd yr actor Americanaidd Kevin Dillon, a oedd newydd sylweddoli ei fod yn Wyddel. Canai 'The Jug of Punch' yn ddiddiwedd, a hyd syrffed.

Oherwydd i ni gael pecyn ffafriol o ran teithio a llety, cawsom aros am dros wythnos yn Sydney er mai dim ond dau ddiwrnod o waith ffilmio oedd y cyfan yn ei olygu. Ni fedrem ffilmio mwy gan fod syrcas AC/DC ond yn perfformio am un noson, gan olygu mai dim ond tair noson y byddent yn eu treulio yn Sydney. Cawsom dragwyddol ryddid i ffilmio gosod yr offer, tiwnio'r offerynnau ac yn y cyngerdd ei hun cawsom hawl i ffilmio'r tair cân gyntaf yn llawn.

Yn ystod y ffilmio nid oeddem i gyf-weld ag aelodau'r band ar wahân i'r drymiwr, Chris Slade, bachan o Bontypridd a oedd wedi bod yn aelod o fand Tom Jones. Roedd hi'n bwysig i ni sgwrsio â Chris gan mai Dic, y technegydd drymiau, oedd canolbwynt ein stori. Ond mynnai aelodau eraill y band ymuno â ni hefyd, yn enwedig y canwr, Brian Johnson, dyn hynod o ffeind o ardal Newcastle. Treuliai Cliff Williams hefyd lawer o'i amser yn ein cwmni. Erbyn diwedd yr ymweliad roedd Phil Edwards a minnau hefyd wedi cael ein derbyn gan y ddau frawd, Angus a Malcolm Young.

Mae'n rhaid mai'r ddogfen hon, *Dilyn y Drwm*, fu'r un fwyaf poblogaidd i ni ei ffilmio ar *Hel Straeon*. Derbyniais lythyron a galwadau ffôn o bob rhan o'r byd yn gofyn am gopi o'r tâp. Profodd y rhaglen hon y fantais o weithio i gwmni bach mewn iaith leiafrifol. Cawsom ein hatgoffa droeon gan aelodau AC/DC mai'r unig reswm iddynt gytuno i gydweithio â ni oedd am nad oedden ni'n gwneud rhaglen Saesneg. Yn wir, petai cwmni Seisnig wedi cael yr hawliau a dderbyniasom ni, byddai wedi costio rhai miliynau o bunnau iddynt.

Yn rhyfedd iawn, cefais brofiad o ymdeimlad tebyg pan oeddwn i'n gweithio ar *Y Cymro* ac yn llunio stori ar gysylltiadau Dylan Thomas â'r Cei Newydd. Cofiaf mai 1978 oedd hi, sef chwarter canrif wedi marwolaeth Dylan. Yn byw yno ar y pryd roedd Alistair Graham, cyn-gariad yr awdur Evelyn Waugh, a chynsail i'r cymeriad Sebastian Flyte yn *Brideshead Revisited*. Roedd Graham, a oedd yn gyfoeswr i Dylan Thomas yn y Cei, wedi ei blagio gan newyddiadurwyr yn dilyn ymddangosiad nofel Waugh fel cyfres ddrama ar y teledu. Felly, pan gnociais ar ei ddrws, ni feddyliais am eiliad y cawn dderbyniad. Ond o glywed mai yn Gymraeg y byddai'r erthygl cefais groeso mawr ganddo a gwahoddiad i mewn: roedd e'n ddyn hyfryd. (Gyda llaw, roedd e'n casáu Dylan Thomas!) Cafodd y stori honno yn *Y Cymro* gryn sylw'r wythnos wedyn yn *The Times.*

Un o'r cyfresi mwyaf poblogaidd a wnaed o dan label *Hel Straeon* oedd y teithiau Celtaidd. Ioan Roberts fu'n gyfrifol am gyfarwyddo'n hymweliadau ag Iwerddon (*Pedwar Cae*), yr Alban (*Y Ffordd i John O'Groats*) a Llydaw (*Tro Breiz Lyn Ebenezer*). Yn rhyfedd iawn, y gyfres ar yr Alban yn 1995 fu'r un fwyaf poblogaidd gyda'r pedair rhaglen yn denu 92,000 o wylwyr ar gyfartaledd, cyfanswm o dros 368,000. Gwyliwyd y bedwaredd raglen o'r pedair gan 122,000.

Pleser pur fu cael teithio'r gwledydd Celtaidd. Ymweld â distyllty Talisker ar Ynys Skye a blasu'r hylif melyn â'r blas mawn. Croesi'r swnt i ynys Blasgaid Mor yn Iwerddon a chanfod un o'r alltudion wedi dychwelyd i blith adfeilion ei hen gartref. Yfed *chouchenn* melys ar y Rue St Michel yn Rennes, neu Roazhon yn Llydaw – y lleoliad a esgorodd ar un o ganeuon mawr Meic Stevens. Roedd Ioan wedi gwneud yr holl drefniadau ar gyfer cyfres arall ar Ynys Manaw a Chernyw.

Erbyn i ni fynd ar daith yn Iwerddon roedd Wil Aaron wedi trosglwyddo awenau'r rhaglen i Ioan, er mwyn mynd ati i ffurfio Cwmni Seiont gyda Wil Owen. Ond cyn i ni fedru ffilmio ymweliadau â gweddill y gwledydd Celtaidd roedd bwyell Huw Jones, ar ôl hongian uwch ein pen fel Cledd Damocles mor hir, wedi disgyn ar *Hel Straeon*.

Er mor dderbyniol oedd y teithio tramor – ar wahân i'r

hedfan – yr eitemau byrion oedd y bara menyn. Yn ystod oes y rhaglen ffilmiwyd 2,760 o eitemau, neu gyfartaledd o 230 o eitemau bob blwyddyn. Erbyn diwedd oes y gyfres roedd *Hel Straeon* wedi esgor ar bob math o gyfresi cysylltiol. Yn ogystal â'r rhaglenni hanner awr a'r *Teithiau Celtaidd*, cawsom gyfres ddiddorol iawn ar enwau lleoedd, *Yn Blwmp ac yn Blaen*, yn 1995. Yn honno cawsom ganlyniad rhyfedd i arolwg ar sawl 'c' sydd yng Nghricieth. Cawsom fod y Cymry Cymraeg yn gryf dros ddwy a'r Saeson am weld ond un.

Sawl 'c' oedd yn S4C oedd y cwestiwn. Yr ateb yw, gormod. Daeth *Hel Straeon* i ben ar ddiwedd 1997. Ac yn unol â phroffwydoliaeth T. S. Eliot am ddiwedd y byd, felly y bu diwedd *Hel Straeon*. Daeth, nid gyda bang ond gydag ochenaid ddofn. Am flwyddyn neu ddwy cyn hynny daeth awgrymiadau cryf ein bod i gael ein difodi ond roedd y ffigurau gwylio mor uchel fel na fedrai S4C feiddio rhoi'r farwol i ni. Newidiwyd nosweithiau ac amserau'r rhaglen, a hynny, mi gredaf, yn fwriadol er mwyn cawdelu gwylwyr. Ond roedd y rhaglen yn dal yn boblogaidd, yn wir yn fwy poblogaidd nag erioed. Yna ceisiwyd ar ystryw wahanol. Codwyd anghenraid trothwy canran y gwylwyr posibl o 15 y cant i 17.5 y cant. Cododd ein ffigurau gwylio ni i gyfartaledd o 18 y cant ac, ar adegau, mor uchel â 24 y cant.

Ond yn unol â thraddodiad gorau'n hannwyl sianel – bod angen i bopeth llwyddiannus gael ei ladd – cyhoeddwyd ym mis Mehefin 1997 fod y gyfres i ddod i ben. Ar ôl 11 mlynedd o lwyddiant derbyniwyd llythyr byr oddi wrth Gyfarwyddwr Cynhyrchu S4C, Huw Eirug, llythyr o ddim ond tair brawddeg, yn dweud nad oedd i ni mwyach ddyfodol. Dyfynnaf y llythyr a oedd yn nodi anghenion S4C ar gyfer 1998/99:

Annwyl Ioan a Wil,

Diolch yn fawr i chi am y cyfle i drafod eich cynigion yn ystod y cyfweliad ar gyfer ein gwasanaeth rhaglenni yn 1998 a 1999.

Rydym wedi rhoi ystyriaeth lawn i bob cynnig a drafodwyd yn ystod y cyfnod cyf-weld ond mae'n ddrwg gennyf eich hysbysu nad ydym am gynnig comisiwn i chi ar gyfer amserlen 1998 a 1999.

Hoffwn eich atgoffa y bwriedir cyhoeddi ail fersiwn o'r Anghenion Rhaglenni tua diwedd mis Medi gan nodi unrhyw oriau sy'n dal yn rhydd.

A dyna ni. Lladdwyd ni gan lythyr o 82 o eiriau. Dyna oedd swm diolch S4C am wasanaeth clodiw o 11 mlynedd. Mor wahanol oedd naws y llythyr hwn i un a dderbyniasom dair blynedd yn gynharach oddi wrth Cenwyn Edwards, Comisiynydd Rhaglenni Ffeithiol S4C:

Nodyn i gadarnhau yn ffurfiol bydd *Hel Straeon* yn cael ei gomisiynu am 52 o raglenni o Fedi '94 hyd Awst '96. Er fod yna gystadleuaeth, mae'n deg nodi bod eich cais ymhell ar y blaen. Mae poblogrwydd cynyddol y rhaglen yn cael ei adlewyrchu yn y ffaith fod cyfartaledd y gwylwyr wedi codi i 107,000 ar ddechre '94.

Llongyfarchiadau . . .

Yr eironi oedd mai ein blwyddyn lawn olaf mewn bodolaeth oedd hefyd ein blwyddyn orau. Yn y flwyddyn hyd at 17 Mai 1996 roed canran y gwylwyr wedi codi o 12 y cant, sef 28,000 ar 21 Medi 1996, i 24 y cant, sef 65,000 erbyn 19 Medi, ac fe arhosodd wedyn yn gymharol sefydlog.

Ar 8 Ionawr 1998 aeth y cynhyrchwyr, Ioan Roberts a Wil Owen, ynghyd â Catrin Beard a minnau, i Gaerdydd i gyfarfod â Huw Jones, Huw Eirug, Cenwyn Edwards a Dafydd Rhys. Cawsom gydnabyddiaeth bod y ffigurau gwylio yn ystod y gyfres olaf wedi bod yn eithriadol o uchel, yr uchaf ers dechrau'r nawdegau. Geiriau Huw Jones oedd bod cwmnïau'n cael eu barnu ar ffigurau gwylio eu cynhyrchiad diweddaraf ond, meddai, roedd hi'n rhy hwyr i wneud dim ynglŷn â'r comisiynau cyfredol. Pan ddeuai'r tro nesaf, meddai, ymhen dwy flynedd, byddai'n anodd iawn gwrthod ein cais. Y cyfan fedraf i ei ddweud yw bod y ddwy flynedd hynny yn rhai hir uffernol! Fe wnaed cais ar gyfer cyfres newydd naill ai yn yr hen fformat neu mewn fformat newydd. Fe'i gwrthodwyd. Ond haleliwia! Cawsom gomisiwn i lunio 160 o raglenni archifol ar gyfer S4C digidol. Ac O! y fath eironi! Bedyddiodd S4C y gyfres honno yn *Clasuron Hel Straeon*!

Wrth i *Hel Straeon* ddod i ben collodd 13 o bobl eu swyddi, y mwyafrif mawr yn ardal Caernarfon. Apeliodd Dafydd Wigley, arweinydd Plaid Cymru ar y pryd, ar i S4C ailfeddwl. Mynnai mai ffolineb oedd cwtogi ar gyfer ceisio cystadlu â sianeli digidol y dyfodol. Awgrymodd i safonau'r tymor canolig gael eu haberthu ar draul y greal sanctaidd digidol, a allai brofi i fod yn ddim byd mwy na rhith. Ond doedd dim symud ar Huw a'i griw. A dyma i chi ddagrau pethau: pan benodwyd Huw Jones i fod yn Brif Weithredwr S4C, cymerodd staff *Hel Straeon* yng Nghaernarfon hanner diwrnod bant i ddathlu. Teimlent fod y dyfodol yn ddiogel. Nawr roedd y rhai a fu'n dathlu ei benodiad yn ei felltithio.

Ni allaf ond teimlo'n dragwyddol chwerw. Rwy'n ddiolchgar am gael ymron i ddeuddeg mlynedd o waith di-dor ar ôl cael sicrwydd ar y dechrau o ddim ond dwy flynedd. Ond digwyddodd rhai pethau yn ystod blynyddoedd olaf *Hel Straeon* sy'n gwneud i'm gwaed ferwi o hyd. Doedd neb yn S4C fel petaen nhw'n hidio. Roedd creu rhyw ymerodraeth ym Mharc Tŷ Glas yn bwysicach na darparu'r hyn roedd y gwylwyr ei eisiau.

Yn y Llyfrgell Ieithoedd Modern. Yma roeddwn i'n gweithio pan ddaeth y cynnig i ymuno â'r Cambrian News. *Ffug yw'r pwmp cwrw ar y cownter, yn anffodus.*

LLUN: RAYMOND DANIEL

Jac Oliver, y bardd-farbwr o Ffair Rhos, un o arwyr plentyndod.

Y tu allan i Rif 10 Stryd Downing gyda Peter Roberts o'r Western Mail *adeg protest dros gadw Lein yr Arfordir yn agored.*

LLUN: RAYMOND DANIEL

Pan oedd pob papur
arall ar 2 Gorffennaf
1969 yn cario lluniau
syrcas yr Arwisgo,
y lluniau hyn o
Ray Daniel fel targed i
fenyw taflu cyllyll oedd
ar dudalen flaen
Y Cymro. Agwedd iach
ar ran y golygydd,
Llion Griffiths.

LLUN: RAYMOND DANIEL

LLUN: RAYMOND DANIEL

Geoff Charles o'r Cymro *a dyfodd yn chwedl ym myd ffotograffiaeth yng Nghymru.*

LLUN: RAYMOND DANIEL

Carlo yn Aber. Hoffodd y llun hwn gan Ruy Daniel gymaint fel iddo archebu copi. Gwelwyd y llun wedyn mewn ffrâm ar ei fwrdd.

LLUN: RAYMOND DANIEL

*Ron Davies, y ffotograffydd o Aberaeron, yn edmygu llun ohono'i hun
a dynnwyd gan Ray Daniel flynyddoedd yn gynharach.*

*Gyda Caradog Prichard yn Eisteddfod Rhydaman 1970. Ceisiwn eistedd
mor agos â phosib ato yn stafell y wasg bob amser.*

LLUN: RAYMOND DANIEL

*Llun hanesyddol o Caradog
a Benji'r pwdl yn Stafell y
Wasg. Roedd Benji yn
'newshound' go-iawn!*

*Clasur o lun a dynnwyd
mewn rali yng Nghilmeri
yn 1969 – D. J. Williams
ac Eirwyn Pontshân.*

LLUN: RAYMOND DANIEL

Ynghanol y dorf gyda'r llyfr bach a'r beiro yn Rali Cilmeri.

LLUN: RAYMOND DANIEL

LLUN: RAYMOND DANIEL

LLUN: RAYMOND DANIEL

*Draenen rhwng rhosynnau yn
Eisteddfod Ryngwladol Llangollen
1972.*

*Dawnsio ar faes Eisteddfod
Llangollen yng nghwmni rhyw ferch
anffodus. Mae cerdyn yr undeb yn
amlwg ym mhoced y wasgod.*

LLUN: RAYMOND DANIEL

*Y cawr addfwyn John Williams, a lofruddiwyd ar Fynydd Llanddewi Brefi.
Gwelwyd y llun hwn ar fwletinau newyddion y teledu ledled Prydain
am wythnos gyfan.*

LLUN: RAYMOND DANIEL

Y Prif Arolygydd Pat Molloy a'r heddwas lleol, Owen Lake, ar drywydd llofrudd John Williams y tu allan i neuadd y pentref a drowyd yn stafell ymchwilio.

LLUN: RAYMOND DANIEL

Gwerthwyd y llun hwn o Christine Bott o Dregaron, un o brif gynhyrchwyr LSD y byd, ledled Ewrop. Fe'i carcharwyd am naw mlynedd.

Elwyn Ioan a minnau gydag Eva Nieman, model Lol yn 1971. Dyw'r Efa hon ddim hyd yn oed yn gwisgo deilen!

LLUN: RAYMOND DANIEL

POST OFFICE
FOR
SALE OF STAMPS. <s>AND</s> PARCEL POST.
POSTAL ORDER. TELEGRAPH <s>AND</s> EXPRESS
DELIVERY BUSINESS.

David Litvinoff, y dyn dirgel o Landdewi Brefi, a ddenodd sêr roc mwya'r byd i'w gartref, gan gynnwys, o bosib, Bob Dylan.

LLUN: RAYMOND DANIEL

Gwireddu'r freuddwyd! Ems, fi a Bob Dylan ar yr un llwyfan.

LLUN: RAYMOND DANIEL A LANDY

Fi ac un o fwncïod
PG Tips ar brom
Aberystwyth. Fi sy'n
gwisgo sbectol.

LLUN: RAYMOND DANIEL

Diwrnod i'w gofio.
Richard Burton yn
arwyddo fy nghopi o
Under Milk Wood *yn*
y Dinas Arms yn
Abergwaun.

LLUN: RAYMOND DANIEL

LLUN: RAYMOND DANIEL

Poster o flaen siop bapurau yn Aberystwyth yn hysbysebu hanes
Syr Goronwy Daniel yn Y Cymro.

Hei leiff! Dewi Pws a minnau yn Eisteddfod yr Urdd Llanidloes,
yn rhoi cynnig ar ddawnsio gwerin.

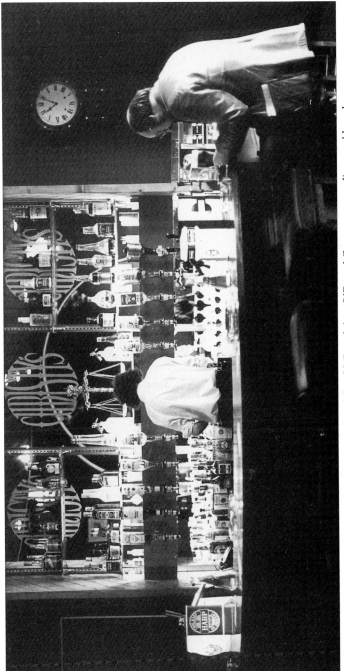

Prawf bod yna wirionedd yn y stori mai fi oedd 'Lunchtime O'Booze' Cymru – toc wedi un ar ddeg y bore, a dim ond fi sydd ym mar Christy yn Blarney.

LLUN: MARIAN DELYTH

Llun hanesyddol ar drothwy gwerthu fferm y Cilie. Ar gyfer stori i'r Cymro cefais gwmni chwech o ddisgynyddion y teulu enwog, o'r chwith i'r dde: Gerallt Jones, y Capten Jac Alun Jones, Elfan Jones, Jeremy Jones, Tydfor Jones, a Tom Phillips.

Un o'r troeon cyntaf i mi gael gwaith gan S4C oedd cyd-sylwebu ar bencampwriaeth Chwechawd Pêl-droed yng nghwmni Nic Parri ym Mangor.

Yn Central Park, Efrog Newydd gyda Dafydd Gruffudd (yn y gadair) ei chwaer, Rhiannon, ei dad, Eric a'i gyfaill, Guto Owen, ar gyfer ffilmio gêm bêl-droed Americanaidd rhwng y New York Giants a'r Philadelphia Eagles.

Helpu i godi arian at achos da yng nghwmni mawrion y genedl, gan gynnwys y ci gorau a anwyd erioed, fy annwyl Jac.

Cael cwmni neb llai nag Ifas Cariwr, Drefain, ym mharti pen-blwydd Wil Sam yn 65 mlwydd oed ar gyfer un o eitemau Hel Straeon. *Hwnna ydio!*

Yn Sydney yng nghwmni Dick Jones,
technegwr drymiau'r band AC/DC
a'u canwr, Brian Johnson.

Testun stori a wrthodwyd –
Michel Olivier, y Sioni Winwns
olaf i siarad Cymraeg yn rhugl.
Ni chredai S4C ei bod hi'n stori
ddigon eang ei hapêl.

Un o
greadigaethau a
wnaed o rew yn
Savonlinna yn
y Ffindir,
cystadleuaeth a
ffilmiwyd gan
Hel Straeon.

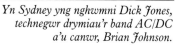

Gyda Wyn Lodwick ar gyfer ffilmio Pum Hewl i Harlem. *Sylwch ar y ddau dŵr yn y cefndir.*

Yng nghwmni tri o hogiau gogledd Cymru a fu'n cynaeafu milo yn ardal El Paso ar y ffin â Mecsico.

*Cyfod dy gwrwgl a rhodia.
Wrthi'n ffilmio stori yng
nghyffiniau Dolgellau.
Dafydd Elis-Thomas oedd
biau'r cwch.*

*Pen y daith wedi i ni
grwydro o Gretna i
John O'Groats –
Nigel Denman, camera;
Jeff Lloyd, sain;
Sioned Mair, PA;
minnau a Ioan Roberts,
cyfarwyddwr. Gwyliwyd
y gyfres gan gyfanswm o
ymron 40,000.*

Mae'r hen ffilmio yma'n medru bod yn rhywbeth blinedig. Cael fy nal yn hepian ar fryn uwchlaw Caeredin.

Noson dangosiad cyntaf Noson yr Heliwr *yng nghwmni Sue Jones Davies a Hywel Bennett.*

*Elfed a minnau yn y Cŵps. Bu tafarn Elfed yn ffynhonnell
llawer iawn o storïau da.*

*Yng nghwmni'r hen ffrind ffyddlonaf i mi ei wneud yn Llanelli, Jiff,
ci tafarn y Lemon Tree.*

Llun yn hysbysebu Pnawn Da, a minnau ar y sofa gydag Elinor. Partneriaeth a barhaodd am chwe blynedd.

Cerdyn gan Elwyn Ioan ar gyfer fy mhen-blwydd yn 60 oed,
pan gefais fy nal gan Pen-blwydd Hapus.

Tro Dylan yw teithio bellach. Yma mae ym Moscow ar gyfer un o gêmau pêl-droed Cymru.

Fy unig deithio tramor bellach yw ymweld ag Agistri gyda Jên bob diwedd haf. Dyma'r unig amser y caiff fy mhengliniau weld yr haul.

Erbyn hyn mae hi'n sefyllfa mor ynfyd fel bod perygl fod mwy yn gweithio i S4C nag sy'n gwylio ambell raglen!

Roedd Ioan Roberts, flynyddoedd yn ôl yn nyddiau *Hel Straeon*, ar ddau achlysur wedi cynnig syniad am ffilmio blwyddyn ym mywyd Pen Llŷn, cyfres fer a fyddai'n olrhain natur gyfnewidiol y fro, ond fe'i gwrthodwyd. Eleni cawsom hanes y pedwar tymor ym Mhen Llŷn gan Dai Jones. A diolch amdano! Heb Dai byddai'n affwysol o dlawd ar y sianel.

Yn ystod ymweliad â Llydaw, llwyddasom i ganfod y Sioni Winwns olaf oedd yn siarad Cymraeg yn naturiol, Michel Olivier. Arferai hwnnw fynd i Gastellnewydd Emlyn bob blwyddyn, er pan oedd yn 16 mlwydd oed, i werthu winwns. Siaradai Gymraeg gyda chymysgedd o acen a thafodiaith Llydaw a de Ceredigion, ei iaith yn frith o enwau fel *bobi* (plismon) a *tablen* (cwrw) a chofiai enw pob tafarn yn y dref. Danfonodd Ioan syniad, nid unwaith ond ddwywaith, am i ni gael gwahodd Michel yn ôl i Gastellnewydd i gyfarfod â phobl oedd yn dal i'w gofio, ac yntau yn dal i'w cofio nhw. Gwrthodwyd y syniad. Yr esboniad dros wrthod oedd na fyddai hi'n rhaglen ddigon eang ei hapêl.

Ychydig flynyddoedd yn ddiweddarach bu rhywun, nad oedd ganddo fawr ddim byd gwell i'w wneud, yn mynd drwy'r ceisiadau a oedd wedi eu gwrthod. Sylwodd ar y cais arbennig hwn a galwodd ar Ioan a'i hysbysu y medrai nawr fynd ati i ffilmio'r stori. Roedd hi, wedi'r cyfan, yn stori fach reit dda. Ond roedd un anhawster bach. Roedd Michel Olivier, y Sioni Winwns olaf i siarad Cymraeg, wedi marw.

Diwrnod trist oedd hwnnw ym mharti Nadolig olaf *Hel Straeon* ym mwyty Gannets yn Aberystwyth ddiwedd 1997. Teimlem ein bod ni'n claddu hen ffrind. Ni allai neb feddwl pam y lladdwyd cyfres a oedd yn dal mor llwyddiannus ag y bu erioed. Yn wir, yn *fwy* llwyddiannus nag y bu erioed.

I mi, ar ôl ymron ddeuddeg mlynedd o waith rheolaidd a chyflog hael, doedd dim byd ar y gorwel. Teimlwn fel Pontshân gynt, 'Mam-gu'n hen, y fuwch yn denau a dim ewyllys. *Further outlook, unsettled.*' Doeddwn i ddim yn disgwyl cydymdeimlad. Roedd llawer un wedi bod heb waith o gwbl yn ystod yr un cyfnod. Ond eto i gyd ni fedrwn gael gwared â'r hen deimlad yng nghefn fy meddwl i'r rhaglen gael cam. Ac rwy'n dal i feddwl hynny.

Er gwaethaf y chwerwder wrth feddwl am flynyddoedd olaf y gyfres, erys eiliadau tragwyddol. Cael fy ngalw yn fastard bach gan Alex Ferguson wedi i mi ei holi ac yna ddangos iddo fathodyn Arsenal. Prysuraf i ychwanegu fod gwên lydan ar ei wyneb ar y pryd. Bwydo mochyn Fietnamïaidd ag afal yn Llangybi, a'r diawl diddiolch yn fy nghnoi yn fy nghoes. Codi i frecwast yn Magaluf a'r cyfarwyddwr, Keith Davies, wedi dwrdio rhyw iob swnllyd am ei ddihuno o'i slwmbran am bump o'r gloch y bore drwy ganu 'Blueberry Hill' yn y bar ar draws y ffordd. Ni wyddai fod yr iob swnllyd hwnnw yn ei wynebu ar draws y bwrdd brecwast! Gweld John Nantllwyd a Charles Arch yn ateb galwad natur yng nghanol y miloedd yn Central Park yn Efrog Newydd, y naill yn piso i'r nant a'r llall yn piso y tu ôl i goeden. Ioan Roberts wedyn, ar fy rhan, yn gorfod holi rhywun ar ben tŵr Castell Rhuddlan am fy mod i'n ofni uchder, yna torri'r eitem mewn modd a ddangosai mai fi oedd yr holwr. Trefnu i holi cymeriad a honnai y medrai adrodd pedwar cant o englynion ar ei gof. Cyrraedd am ddeg o'r gloch y bore, a'r hen foi mor nerfus fel ei fod wedi yfed potel lawn o sheri. Ni fedrodd gofio limrig, heb sôn am gymaint ag un englyn. Diolch i Dduw na ofynnais iddo ddyfynnu gwawdodyn byr degsillafog neu dawddgyrch gadwynog!

Dyddiau da oedd y rheiny. Wyth mlynedd yn ddiweddarach ac mae gwylwyr ledled Cymru, yn arbennig dysgwyr, yn gweld ein colli. A'r gwir amdani yw nad oes yna'r un rhaglen arall sydd wedi llwyddo i lenwi'r bwlch a adawodd *Hel Straeon*.

Pnawn Du *Pnawn Da*

Pan ddaeth *Hel Straeon* i ben ddiwedd 1997 roedd y dyfodol yn edrych yn dywyll. Doedd gen i ddim cynlluniau a doedd dim sôn bod unrhyw gwmni teledu am i mi fod yn rhan o'u cynlluniau nhw. Doedd dim byd yn anarferol yn hynny gan fod cyflwyno'r un rhaglen am ymron i ddeuddeng mlynedd yn dueddol o droi unrhyw un yn stereoteip.

Cawn ambell eitem deledu neu radio, ond dim byd parhaol, a golygai hynny fod pethau'n mynd yn fain. Ar ôl ennill cyflog sylweddol, anodd oedd byw ar ddim. Gallaswn, mae'n debyg, fod wedi mynd ar y dôl, ond wnawn i mo hynny. Yn wir, dim ond am bythefnos yn ystod fy oes y bûm ar y dôl, a hynny adeg streic gan y newyddiadurwyr yn y saithdegau.

Dylwn fod wedi paratoi ar gyfer y fath argyfwng drwy gynilo'n rheolaidd. Ond nid dyna oedd fy steil i – byw heddiw fu fy ffordd i erioed. O ganlyniad roedd hi'n anodd cynnal taliadau morgais a rhyw hanner cynnal Dylan, a oedd erbyn hyn yn gweithio fel rhedwr am arian bach iawn yng Nghaerdydd. Y ffaith fod Jên mewn gwaith rhan-amser mewn swyddfa bost fu'n gyfrifol am i ni fedru goroesi. Erbyn diwedd *Hel Straeon* roeddwn i'n ennill dros £200 y dydd. Roedd yr Ingland Refeniw, chwedl Ifas, yn mynd ag ymron ei hanner, wrth gwrs. Ond hyd yn oed wedyn roedd byd o wahaniaeth rhwng mynd adre â thros £100 y dydd yn glir dri diwrnod yr wythnos a mynd adre â dim byd o gwbl.

Rhywbryd ar ddechrau'r haf y flwyddyn honno derbyniais alwad gan Glynog Davies, un o gyfarwyddwyr Cwmni Agenda, a oedd yn gyfrifol am y rhaglen *Heno*. Ei neges oedd ei fod am alw i gael gair. Ymhen llai na mis, dyna a wnaeth. Am tuag awr bu'r ddau ohonom yn rhoi'r byd yn ei le gan siarad am bopeth ond teledu. Ac yna, cyn iddo adael, gofynnodd i mi – a hynny mor ddidaro â phetai'n gwneud sylw am y tywydd – a fyddai gen i ddiddordeb mewn cyd-gyflwyno rhaglen newydd ddyddiol ar deledu digidol. Diddordeb? A yw eirth yn caca mewn coedwigoedd? Neidiais at y cynnig.

Wedi iddo fynd y dechreuodd yr amheuon. Doedd Agenda ddim yn boblogaidd iawn gan gwmnïau teledu eraill. Yn wir, roedd y cwmni yn gocyn hitio, a hynny i raddau helaeth ar gam. Y gwir amdani yw i Agenda weddnewid y diwydiant teledu yng Nghymru yn yr un modd ag y gwnaeth Rupert Murdoch gyda'r diwydiant newyddiadura ac argraffu ym Mhrydain gyda lansiad y *Sun*, ac yn ddiweddarach gyda chwmni Sky.

Erbyn diwedd yr wythdegau roedd y trên grefi cyfryngol ar wib ac allan o reolaeth. Gwnaeth rhai cwmnïau ffortiwn heb gyfrannu fawr ddim at safon na gwerth rhaglenni, ac nid pob cyfarwyddwr cwmni oedd yn ddarbodus a chydwybodol.

Hyd yn oed y tu allan i'r diwydiant roedd Agenda yn esgymun. Cafwyd cwyno rheolaidd am ddefnydd *Heno* o dalpiau o sgyrsiau Saesneg a'r defnydd o eiriau ac ymadroddion Saesneg. Ond nid polisi Agenda oedd hyn ond polisi S4C. Felly, yn hyn o beth cafodd y cwmni lawer o gam-feirniadaeth.

Yr hyn a wnaeth Agenda oedd profi bod modd cynhyrchu rhaglenni byw ar fymryn o'r gost a werid gan lawer o gwmnïau eraill. Torrodd i lawr yn sylweddol ar nifer aelodau'r criwiau ffilmio. Aeth ati i greu eitemau a'u dangos ar yr un diwrnod, rhywbeth a oedd yn ddieithr iawn i S4C ar y pryd. Yn y dyddiau hynny, wrth gwrs, roeddwn i ymhlith gwrthwynebwyr Agenda. Câi Ron Jones, sylfaenydd y cwmni, ei bortreadu fel rhyw anghenfil unbenaethol. Felly, er i mi lawenhau pan ddaeth y cynnig, pylodd y wefr gyntaf a chododd yr amheuon.

Cofiaf yn dda fy ofnau wrth fynd i lawr i Ddafen ar y prynhawn cyntaf hwnnw ar gyfer ymarfer. Roedd y stiwdio bryd hynny ar stad ddiwydiannol, dros filltir y tu allan i Lanelli. Ond, o'r eiliad gyntaf i mi gerdded i mewn, gwyddwn y byddwn yn hapus. Roedd y teimlad da cyntaf hwnnw i'w briodoli i Nansi yn y ffreutur. Cefais groeso ganddi yn union fel petaem ni'n hen ffrindiau. Ac roedd pawb arall yr un mor groesawgar.

Un peth a apeliai'n fawr oedd y cawn gyd-gyflwyno gydag Elinor Jones. Roedd y ddau ohonom yn adnabod ein gilydd ond heb erioed gydweithio, ar wahân i ni fod, ar adegau prin, yn westeion ar yr un rhaglen. Cymerais at Elinor o'r dechrau a dysgais lawer ganddi am gyflwyno byw. I mi dyma'r gyflwynwraig gyflawn. Mae ganddi bopeth sydd ei angen: dawn siarad, llais da, hiwmor ac mae hi'n gwneud ei gwaith cartref, rhywbeth nad ydw i yn enwog amdano. Ac mae ganddi wyneb sydd wedi ei greu ar gyfer camera ac, yn wahanol i ambell gyflwynwraig, nid yw'n newid ei chymeriad pan fo'r camera'n cael ei ddiffodd. O'r eiliadau cyntaf, teimlais yn gwbl gartrefol yn ei chwmni. Dylwn ychwanegu fod ei merch, Heledd Cynwal, un o gyflwynwyr *Heno* ac wedi hynny *Wedi 6/7*, yn yr un mowld â'i mam.

Roedd *Pnawn Da* yn fenter uchelgeisiol. Am gyllid bychan iawn roedd gofyn i ni gyflwyno yn fyw, ar bob prynhawn o'r wythnos, raglen oedd ymron i ddwy awr o hyd. Yn ystod y pythefnos gyntaf ym mis Hydref 1998, dim ond criw S4C ym Mharc Tŷ Glas fedrai weld y rhaglenni o gwbl. Erbyn i mi adael cawn y teimlad mai criw S4C oedd yr unig rai *nad* oedd yn gwylio! Wrth edrych yn ôl mae'n anhygoel dychmygu'r math ar eitemau a gyflwynid. Roedd Moc Morgan wedi paratoi cyfres o raglenni ar gefn gwlad a'r rheiny tua 25 munud o hyd. Golygai hynny y byddai Elinor a minnau yn eistedd am hydoedd ar y soffa heb ddim i'w wneud ond malu awyr â'n gilydd. Arweiniodd hynny un diwrnod at dro trwstan doniol iawn. Yn ystod un o'r eitemau hirwyntog, roedd y ddau ohonom yn sôn am Cayo Evans, hen ffrind i ni'n dau. Yna cawsom arwydd o'r llawr ein bod ni ar fin troi at sgwrs fyw gydag un o swyddogion Undeb Amaethwyr Cymru ar y ffôn. 'A nawr,' meddai Elinor, 'fe drown ni at swyddog o'r FWA.' A dyma ni'n rholio chwerthin. Diolch byth, fe gymerodd y swyddog y llithriad fel jôc.

I rai o griw *Heno* roedd *Pnawn Da* ei hun yn jôc. Dyna lle'r oedden ni'n siarad i mewn i gamera ac yn cyflwyno eitemau hirfaith nad oedd neb, bron, yn eu gwylio. Ymhen blwyddyn neu ddwy, ni oedd yn chwerthin.

Profiad dieithr i mi oedd cael gweithio yng nghanol criw mor ifanc. Daeth Agenda yn feithrinfa i bobl ifanc a oedd newydd ddod allan o'r coleg neu hyd yn oed o'r ysgol. Drwyddi draw, y bobl ifanc oedd yn helpu i greu'r rhaglenni, yn ymchwilwyr ac yn griwiau camera. O fewn llai na phythefnos o gael eu cyflogi, câi'r ymchwilwyr eu hanfon allan gyda chriw o ddau i gyflwyno eitemau. Credai'r cwmni mewn taflu darpar-gyflwynwyr i'r pen dyfnaf yn ddiymdroi. Merched oedd y mwyafrif mawr o'r rhain, a dylwn ychwanegu na welais griw o ferched mor ddeniadol gyda'i gilydd erioed. Buont yn gymorth i wneud i hen ddyn deimlo'n hapus.

Ychydig dros flwyddyn wedi i mi ymuno â *Pnawn Da* digwyddodd rhywbeth cwbl annisgwyl. Ddiwcdd mis

Tachwedd 1999 roeddwn yn y tŷ yn sgwrsio ag Ems – oedd wedi dod i aros am benwythnos – pan dderbyniais alwad o dafarn y Cŵps ar draws y ffordd. Y neges oedd fod Hywel Teifi yno ac am fy ngweld. Draw â ni, ond pwy oedd yno ond Arfon Haines Davies. Roeddwn i wedi disgyn yn ysbail i *Pen-blwydd Hapus*.

Wn i ddim sawl tro y broliais na chawn i byth fy nal petai'r fraint amheus honno'n disgyn i'm rhan. Ond fe'm twyllwyd yn llwyr. Gwyddai Jên a Dylan yn dda ers misoedd lawer. Gwyddai Ems hefyd a nifer fawr o'm ffrindiau eraill a'm teulu. Roedd Elinor a Glynog yn Agenda'n gwybod ond ni roddodd neb unrhyw awgrym o'r hyn oedd yn cael ei gynllwynio. Bu Arfon Haines Davies yn gyfrwys iawn – cefais fy nal ganddo nid ar ddiwrnod fy mhen-blwydd yn drigain oed ond yn hytrach fis cyn hynny. Doeddwn i ddim wedi amau o gwbl.

Y noson honno trefnwyd noson fawr yn Neuadd y Felin-fach yng nghanol teulu a hen ffrindiau, yn cynnwys Dewi Pws a Ioan Roberts. Prin i neb gael y fraint a gefais i o gael fy nghyfarch gan enwogion fel y sylwebydd Bob Wilson, cyn-golwr Arsenal, John Hartson, cyn-ymosodwr y tîm ac, yn hufen ar y gacen, y Dubliners. Roedd fy nghwpan yn llawn. Yn anffodus roedd un aelod o'r teulu yn absennol. Roedd John fy mrawd yn dioddef o'r cancr a bu farw ychydig dros bythefnos yn ddiweddarach.

Yn y cyfamser, golygai gweithio yn ardal Llanelli y byddwn yn gorfod treulio tair noson bob wythnos oddi cartref. Doeddwn i ddim yn gweithio ar ddydd Llun gan i mi ymgymryd â gwaith gan Seiont i leisio'r gyfres *Clasuron Hel Straeon*. Felly, gan amlaf, ar fore dydd Mawrth y byddwn yn teithio i lawr. Alwyn Humphreys fyddai'n cyflwyno bob dydd Llun. Gweithiai'r trefniant hwn yn dda gan y cawn, ar ôl i'r gwaith o leisio'r gyfres ddod i ben, ddiwrnod yn rhydd i wneud fy ngwaith fy hun.

Roedd y prynhawniau Llun yn y stiwdio yn ddiogel iawn yn nwylo Alwyn. Rwy'n hoffi ei arddull gynnes o gyflwyno a phan ddechreuwyd darlledu byw ar ddigidol o'r Brifwyl, o Eisteddfod yr Urdd ac o Eisteddfod Llangollen, gwelwyd ef ar ei orau. Mae gan Alwyn barch tuag at gystadleuwyr. Nid yw'n siarad ar eu traws, rhywbeth sy'n digwydd yn llawer rhy aml gan gyflwynwyr llai cymwys ar y radio ac ar y teledu.

Nid yw ardal Llanelli yn un enwog am ei lletyau. Cychwynnais, felly, dreulio nosweithiau yn y Travelodge yn Cross Hands, tua deng milltir i ffwrdd. Gyda'r nos cawn beint neu ddau yng Nghlwb y Gweithwyr ar draws y ffordd. Cawn gludiant i mewn yn y bore gan Patricia Lloyd, colurwraig *Pnawn Da* a *Heno,* a chawn fy nghludo yn ôl gyda'r nos gan Elinor, ar ei ffordd adre i Fethlehem. Am gyfnod byr cefais lety gan Patricia yng Nghaerfyrddin ond roedd angen lle ychwanegol arnaf i wneud gwaith ysgrifennu. Felly llwyddais i gael llety yng Ngwesty'r Stepney, stafell ddwbl am bris un sengl. Erbyn hyn roedd y cwmni wedi symud o Ddafen i ganol Llanelli i gartref newydd eang yn hen adeilad Tesco. Roedd yn adeilad delfrydol, a bu Ron Jones yn hirben iawn yn llwyddo i sicrhau'r lle. A chan fod y Stepney y drws nesaf i'r stiwdio, roedd yn lle perffaith i mi letya ynddo.

Ar ôl tua blwyddyn caeodd y Stepney fel gwesty a bu'n rhaid i mi chwilio am le newydd. Bûm yn lletya yn y Miramar am gyfnod, ond gan fod hwnnw i lawr wrth y stesion, golygai gerdded milltir i'r gwaith bob bore. Llwyddais ymhen ychydig i gael lle gwely a brecwast yn Southmead, yn Heol y Frenhines Fictoria. Cefais ail gartref i bob pwrpas gyda Robert a Beryl Fouracre a'r teulu. Roedd Robert wedi chwarae rygbi dros Felinfoel a thros Lanelli yn nyddiau'r brenin ei hun, Phil Bennett. Fel arfer cawn stafell Rhif 6 yn y cefn. Roedd popeth yr oedd ei angen arnaf yno, stafell *en suite* gyda gwely cysurus a set deledu, a hynny am £20 y nos. Ac oedd, roedd gen i set radio ar y bwrdd ger fy ngwely.

Gan mai dim ond telerau gwely a brecwast oedd yn Southmead, awn allan i fwyta gyda'r nos. Rwyf wrth fy modd gyda bwyd Indiaidd ac roedd yn Llanelli dri bwyty Asiaidd na welais eu tebyg yn yr un dref erioed. Byddai gen i ddewis naill ai'r Bengal Lancer, y Verandah neu'r Sheesh Mahal. Deuthum yn gwsmer mor rheolaidd fel y derbyniwn gerdyn Nadolig oddi wrth y tri lle bwyta bob blwyddyn. Gwelaf o hyd eisiau *sheek kebab* a *jalfrezi* cyw iâr y Sheesh Mahal, gyda photel o *Rioja Siglo* i olchi'r cyfan i lawr.

Deuthum i adnabod y perchenogion a'r gweinyddwyr yn dda, ac fe'u cefais yn bobl hyfryd a charedig. Ym Mangladesh oedd eu gwreiddiau, ond un noson yn y Verandah sylwais fod un o'r rhai oedd yn gweini yn siarad ag acen Gymreig. Ac o'i holi, synnais o ddeall iddo gael ei eni yng Ngorseinon. Roedd Ben, prif ddyn y Verandah, wedi hyd yn oed dysgu Cymraeg.

Cymhlethwyd pethau braidd wrth i dŷ bwyta Nepalaidd agor yn Heol yr Orsaf. Roedd yr arlwy Gurkhaidd yma yn rhyw gyfuniad o flas Indiaidd a Tseineaidd, ac awn yno unwaith yr wythnos. Rhaid, o hynny ymlaen, oedd ceisio gwthio pedwar lle bwyta i mewn i dair noson.

Rhwng talu am wely a brecwast ac am dri phryd o fwyd bob wythnos, heb sôn am win ac ambell beint o Ginis, byddwn yn gwario dros £200 yn wythnosol. Ar ben hynny roedd y costau teithio rhwng Aberystwyth a Llanelli. Roedd hyn yn bwyta i'm cyflog yn arw. Tra oeddwn yn Agenda, a ddaeth wedyn yn Tinopolis (yr hen enw ar Lanelli o ddyddiau'r diwydiant tun) enillwn £230 y dydd. Ni fyddai'r cwmni'n talu treuliau, felly fe âi cyflog un diwrnod ar gyfer fy nhreuliau. Erbyn i'r Ingland ddwyn ei 40 y cant, doedd yr enillion ddim mor fawr ag yr ymddangosent ar yr wyneb. Wrth gwrs, i rywun call, a fyddai'n byw'n ddarbodus, roedd e'n gyflog anrhydeddus. Ond fûm i erioed yn ddyn darbodus – mae gwynt a blas bwyd Indiaidd yn dueddol o wneud i mi golli pob synnwyr ariannol, ac os agoraf botel o win, rhaid ei gorffen hi ar un eisteddiad.

Bob nos Fercher byddwn yn taro draw i dafarn Stamps, a agorwyd yn yr hen Swyddfa Bost yn y dref. Yma deuai'r gorffennol yn ôl wrth i mi gyfarfod yn wythnosol â Robert Lloyd, golygydd y *Llanelli Star* a'r gohebydd chwaraeon, Barry Jones. Yno hefyd deuai Nick Parry o'r *South Wales Evening Post*. Edrychwn ymlaen yn eiddgar at y nosweithiau hyn, gan ailflasu'r bywyd a'r cymdeithasu newyddiadurol a fwynheais gymaint yn nyddiau'r *Cambrian News*.

Cadarnhawyd i mi eto mor unigryw yw gwaith newyddiadurol ar bapur wythnosol neu nosol. Bob nos Fercher, noson cyhoeddi'r *Llanelli Star*, fe âi'n sesh o drafod ac o yfed. Un noson cefais brawf nad yw teyrngarwch i bapur wedi llwyr ddiflannu. Roedd stori fawr wedi torri wedi i glaf yn yr ysbyty lleol gael tynnu aren anghywir, a marw o ganlyniad. Bu'r cwmnïau teledu, y papurau dyddiol a'r Sulynau Seisnig ar dân yn chwilio am enw'r claf a'i gyfeiriad. Yr unig newyddiadurwr a wyddai'r manylion oedd Nick. Ceisiodd rhyw gywen fach bwysig o Radio Wales ei berswadio ei bod hi'n ddyletswydd arno i ryddhau'r manylion ond dywedodd Nick wrthi'n ddiflewyn-ar-dafod i ble medrai hi stwffio'i dwy aren ei hunan. Yna dyma'r *Daily Mail*, ar ôl methu â'i gymell i ryddhau'r wybodaeth, yn troi at lwgrwobrwyo. Cafodd gynnig £14,000 am drosglwyddo'r wybodaeth ond er mawr glod iddo, gwrthododd.

Treuliais chwe blynedd hapus iawn yn Llanelli. Doeddwn i ddim yn gyfarwydd â'r dref cyn hynny; yn wir, roedd hi'n hollol ddieithr i mi ac ni edrychwn ymlaen at letya yno. Yn un peth dydw i ddim yn ddyn rygbi ond er mawr syndod i mi, pêl-droed oedd y gêm fawr. Ar noson gêm bêl-droed fyw byddai mannau fel y Lemon Tree, y Greenfield, y Turnstile a'r Le Caprice yn orlawn. Sylweddolais mai yn y trefi a'r pentrefi o gwmpas y mae gwir gryfder y gefnogaeth i'r Scarlets. Yn wir, mae gan glwb pêl-droed Llanelli gartref teilwng iawn ar Stebonheath, a threuliais aml i noson ddifyr yn gwylio'r tîm lleol yn chwarae. Mae i'r clwb hanes cyfoethog: ymhlith ei gyn-chwaraewyr roedd Jock Stein, a fu'n rheolwr ar Celtic ac ar dîm yr Alban.

Roeddwn wedi clywed am natur gyfeillgar pobl Llanelli cyn i mi fynd yno. Cofiwn fynd i lawr yno ar y trên pan oeddwn yn blentyn i ymweld ag Wncwl Jac ac Anti Mair yn Dimpath (roedd Wncwl Jac yn frawd i Mam), ond fedrwn i ddim cofio llawer am y dref ei hun. Roedd hanner byw yno yn fater gwahanol. Doedd yr hyn a glywswn am gyfeillgarwch pobl Llanelli ddim yn wir – roedden nhw hyd yn oed yn llawer mwy cyfeillgar a chynnes na'r hyn a ddisgwyliwn. Yn wir, Llanelli yw'r dref fwyaf cyfeillgar i mi fod ynddi erioed. Mae'r lle yn llawn cymeriadau ecsentrig, a phob un o'r rheiny yn dueddol o'm canfod i. Mae Jên, y wraig, yn mynnu fy mod i fel magned i bob creadur hynod a phob dafad golledig dan haul.

Byddai un, bob tro y'i gwelwn, yn gofyn am 'fincid' punt. 'Mincid' yw benthyg ond ni wyddai ef ystyr y gair. Un noson fe rannodd gyfrinach fawr â mi.

'Handel,' meddai – Handel y byddai'n fy ngalw bob amser – 'Handel, ma' cariad newydd gyda fi. Ond paid â gweud wrthi. Achos dyw hi ddim yn gwbod 'to.'

Rhyw noson yn y Greenfield sylwais fod un cymeriad yn syllu ar fy sgidiau drwy'r nos ac yn y diwedd gofynnais iddo a fedrwn ei helpu. Dyma fe'n closio ataf ac yn gofyn ble gwnes i brynu fy sgidiau. Minnau'n ateb i mi eu prynu mewn siop arbennig yn y dref.

'Os ei di yno, fe fedri di brynu pâr tebyg,' meddwn. Ac yntau'n ateb,

'Na, na, dim ffansïo'r sgidie ydw i, ond ffansïo'r lasys. Odi nhw'n eu gwerthu nhw heb y sgidie?'

Un o'r cymeriadau mawr oedd Johnnie Radio, a gariai set radio ar ei ysgwydd ble bynnag yr âi, a honno bob amser yn ddigon uchel i ddihuno'r meirw. Gan nad oedd hawl chwarae miwsig yn Wetherspoons, byddai Johnnie yn gadael ei radio yng ngofal tafarnwr Stamps tra âi yno.

A dyna Dai Charles wedyn. Hoff greaduriaid Dai oedd elyrch, ac fe âi i'w gweld a'u bwydo ger y llyn bob dydd. Un dydd, yn fuan wedi Etholiad y Cynulliad 2000, daeth ataf gan edrych yn ddifrifol iawn. Yn ôl Dai, roedd yr elyrch i gyd wedi torri eu calonnau.

'Pam, Dai?' gofynnais. A Dai yn ateb yn gwbl ddifrifol, 'Mae dagrau'n powlio i lawr eu gruddiau am fod blydi Plaid Cymru wedi eu curo nhw yn yr etholiad.'

Byddai Dai yn feirniadol iawn o'r hyn a deimlai oedd yn or-sylw i dîm rygbi Llanelli ym mhapur y *Star*. Byddai'n agor drws swyddfa'r papur ac yn cyhuddo'r staff o fod yn dioddef o'r frech goch, hynny yw, y *scarlet fever*.

Sylwais fod yno frîd arbennig o fenywod yn Llanelli hefyd. Welais i erioed gynifer o famau ifainc yn gwthio babis mewn prams ac yn smygu fel simneiau. Synnwn i ddim nad Mothercare Llanelli yw unig siop y cwmni sy'n gwerthu ffags. Clywed dwy o ferched y dre yn sgwrsio un dydd wnaeth agor fy nghlustiau i'r disgrifiad gorau glywais i erioed o deimlo'n wael y bore wedyn ar ôl yfed gormod y noson cynt.

'Ow you feelin, love?'

'Oh, diawl *man, don't talk to me. I got me 'ead in the shed this mornin.'*

Ac fe wnâi hwnna, o'i gyfieithu, ddisgrifiad da am y penmaen mawr, chwedl Wali Tomos, sef pen sièd.

Cofiaf Fran Lemon wedyn, tafarnwraig y Lemon Tree, yn cyfarch Albanwr a gerddodd i mewn yn gwisgo cilt. 'Diawl,' meddai Fran, 'y tro diwetha i fi weld coesau fel'na, roedden nhw'n hongian allan o nyth.'

Ac yn y Lemon Tree y gwnes i'r ffrind gorau posibl – ac fe wnes i lawer o ffrindiau yn Llanelli – ond y mwyaf oedd Jiff Lemon. Pwy oedd Jiff? Wel, nid pwy ond yn hytrach *beth* oedd Jiff yw'r cwestiwn perthnasol. Ci oedd Jiff, ci'r dafarn. Gan mai Winston a Fran Lemon oedd yn cadw'r lle, fe enwyd y ci – am resymau amlwg ond clyfar iawn – yn Jiff Lemon a'r gath yn Jaffa Lemon. Mwngrel oedd Jiff, un gwyn, hynny yw, yn wyn y'i ganwyd ond welais i erioed yn fy mywyd gi butrach. Câi ei olchi'n rheolaidd, ond o fewn munudau iddo ddod allan o'r badell byddai wedi newid ei liw i lwyd ac yna i ddu. Ef oedd y crwydryn mwyaf i mi ei adnabod erioed. Crwydrai filltiroedd, ac roedd pawb yn ei adnabod. Cafodd ei weld un noson filltir i ffwrdd, ym Mharc y Strade, yn un o'r eisteddleoedd yn gwylio'r Scarlets yn chwarae. Dawn fwyaf Jiff oedd y ddawn i wenu. Bob tro y gwelai fi, lledai gwên lydan ar draws ei wyneb a phob tro y galwn yn y Lemon Tree, deuai i eistedd naill ai wrth fy ymyl neu wrth fy nhraed.

Yn ystod fy nghyfnod yn Llanelli gwelwyd llawer o newid yn y byd teledu. Yn ogystal ag agor canolfan enfawr, a newid ei enw o Agenda i Tinopolis, buddsoddodd y cwmni yn helaeth mewn gwaith rhyngweithiol, gan greu adran gref yno. Mae'r ganolfan yn gartref hefyd i nifer o gwmnïau teledu eraill sydd wedi ymsefydlu yno.

Collwyd *Heno* a gwelwyd geni *Wedi 6,* cam gwag iawn

ar ran S4C yn fy marn i. Beth bynnag oedd beiau *Heno*, roedd hi'n rhaglen boblogaidd. Bûm yn ffodus iawn i gael gweithio ar *Pnawn Da* pan oedd Roy Noble ac Aled Jones yn gweithio ar *Heno* a deuthum yn ffrindiau mawr â'r ddau. Mae Roy yn un o'r dynion anwylaf a doniolaf yn y byd, tra bod Aled yn fachgen hynod gyfeillgar a chynnes. Un arall a fu'n gyfaill mawr i mi oedd Randal Isaac, sy'n gymeriad a hanner. Roedd Randal yn un o'r ymchwilwyr ar *Pnawn Da*, a chyflwynai eitemau hefyd. Pan adawodd tua naw mis o'm blaen i, diflannodd llawer o'r hwyl gydag ef.

Rhaid i mi hefyd gyfeirio at un o'r cymeriadau mwyaf gwreiddiol i mi eu cyfarfod ar *Pnawn Da*, sef Brychan Llŷr. Bu'n cyflwyno ar *Heno* a byddai'n dod i mewn yn achlysurol i olygu rhai o'i eitemau ei hun ar ein cyfer ni. Mae Brychan yn gweld pethau'n wahanol i bawb arall ac mae'n bleser bod yn ei gwmni. Mae'n fab teilwng iawn i Dic a Siân Jones; mae'n siario gwreiddioldeb ei dad a sirioldeb ei fam.

Tyfodd y cwmni i fod yr un mwyaf o'i fath y tu allan i Lundain a chododd nifer y staff i ymron 150. Roedd maint yr hyn a gynhyrchid gan Agenda, neu Tinopolis wedyn, yn anhygoel. Yn nyddiau *Heno* a *Pnawn Da* roedd angen dwy awr a thri chwarter bob dydd, heb sôn am gynhyrchu rhaglenni eraill fel *Jacpot*, ac ar ôl hynny *Le Rygbi* a *Ralïo*. (A chofiwch, gyflwynwyr annwyl, mai fel Ral-i-o, gyda'r acen ar yr 'i' y mae ei yngan, nid fel Ral-io!) Golygai hyn waith solet bob dydd o tua 9.30 tan ddiwedd *Heno* am saith, neu wedyn hyd ddiwedd *Wedi 7* am 7.30. O'm rhan fy hun roedd y diwrnod gwaith, fel arfer, yn dechrau am 11.00 pan drefnid y cyfarfod cynhyrchu, ond byddwn yn cyrraedd y swyddfa – y swyddfa gymunedol lle byddai staff yr holl raglenni yn cydweithio – am 9.00. Awn i mewn mor gynnar er mwyn dal ar y cyfle i ddarllen holl bapurau newydd y dydd. Achubwn ar y cyfle hefyd i wneud tipyn o waith ysgrifennu.

Yn aml iawn byddai angen ffilmio eitem rhag blaen, weithiau ddwy neu dair eitem rhwng 10.30 a chinio. Tua 1.30 cawn fy ngholuro gan Patricia ac yna roedd gofyn bod yn y stiwdio erbyn tua 1.45. Yna mater o ddisgwyl tan 2.00 oedd hi, a'r rhaglen yn dechrau. Roedd hi'n wyrthiol sut y disgynnai'r darnau i'w lle. Weithiau byddai angen newidiadau wrth i'r rhaglen fynd rhagddi. Mae hen ddywediad Saesneg sy'n cyfeirio at beilot yn llywio gerfydd tin ei drowser. Felly roedd hi yn ein hachos ni: un o'r gwesteion yn hwyr yn cyrraedd, hwyrach, neu rywbeth yn mynd o'i le ar un o'r tapiau. Weithiau byddai S4C yn gofyn i ni lenwi mwy o amser nag a fwriadwyd. Cofiaf unwaith i ni gael gwybod ddeng munud cyn i'r rhaglen fynd allan y byddai angen llenwi chwarter awr ychwanegol. Hawdd iawn o bellter Caerdydd oedd danfon gorchymyn, peth arall oedd gorfod addasu rhaglen fyw ar fyr rybudd.

Erbyn dechrau'r gwanwyn byddai bylchau yn ein darllediadau. Golygai Eisteddfod yr Urdd, Eisteddfod Llangollen, y Sioe Fawr a'r Genedlaethol na fyddem yn gweithio. Ac i Elinor a minnau, a oedd yn gweithio ar ein liwt ein hunain, golygai dim gwaith ddim tâl, wrth gwrs. Adeg Eisteddfod Llangollen 2004, cymerais yn ganiataol na fyddai gen i waith am yr wythnos. Roedd yr ŵyl yn dechrau ar ddydd Mawrth, a chan na weithiwn ar ddydd Llun roedd gen i wythnos gyfan yn rhydd. Cyrhaeddodd Alwyn Humphreys, yn ôl ei arfer, i gymryd fy lle ar y dydd Llun. Ychydig cyn cinio dymunodd rhywun bob lwc iddo ar gyfer trannoeth yn Llangollen. Edrychodd Alwyn braidd yn syn gan ddweud mai ar y dydd Mercher y byddai'r darlledu o Langollen yn dechrau. Os hynny, beth fyddai ar S4C Digidol trannoeth? Ffoniwyd Parc Tŷ Glas a dyna pryd y clywyd fod *Pnawn Da* i fynd allan ac mai ar ddydd Mercher y byddai'r darllediadau o Langollen yn cychwyn ond doedd S4C ddim wedi gweld yn dda i'n hysbysu o hynny. Gadawodd hynny hanner diwrnod i'r criw drefnu rhaglen o ymron ddwy awr ar gyfer y diwrnod wedyn. Dyna'r math ar anawsterau y byddai'n rhaid i ni eu hwynebu.

Ond yn ôl at waith dyddiol. Weithiau, ar ddiwedd y rhaglen, am 3.45, byddai angen ffilmio mwy o eitemau rhag blaen. Yna byddai'r criw ffilmio'n cael seibiant byr cyn dechrau paratoi ar gyfer *Heno*, neu *Wedi 6/7*. Fel arfer, deuai eu gwaith hwy i ben am 6.30 neu 7.30. Ond adeg paratoi *Le Rygbi* byddai'r gwaith yn mynd yn ei flaen hyd oriau mân y bore. Yn wir, ar gyfer rhaglenni a aent allan ar ddyddiau Llun Gwyliau'r Banc byddem yn ffilmio'r rheiny yn y bore cyn mynd ati i gyflwyno rhaglen fyw yn y prynhawn. Doedd dim ofn gwaith ar griw Tinopolis.

Erbyn dechrau 2004, a Iona Jones erbyn hyn yn Bennaeth Rhaglenni, roedd *Pnawn Da* wedi ei hen sefydlu. Bellach roedd llawer mwy yn ein gwylio nag oedd yn gwylio *Wedi 7*, er bod y rhaglen honno'n mynd allan ar amser brig ac ar deledu analog a digidol. Adeg Nadolig, a ninnau'n cynnig gwobrau hael i'r gwylwyr, derbyniem weithiau dros 300 o alwadau'r dydd. Amcangyfrifid bod tua 20,000 yn ein gwylio ni'n ddyddiol tra oedd ffigurau *Wedi 7,* ar adegau, mor isel â 7,000. Teimlwn i ni lwyddo i gyfuno eitemau a ddisgwylid ar raglen gylchgrawn: coginio, ffasiwn, ffilmiau, cylchgronau ac ati, ac eitemau mwy diwylliannol ond eto gwerinol eu naws. Yr eitemau mwyaf poblogaidd oedd y rheiny gan Hywel Teifi Edwards, Roy Davies, Towyn Jones, Doctor Ann Rhys, Jon Meirion Jones a Dic Jones. Cawsom gyfres arbennig o werthfawr gan yr Athro Meic Stephens ar feirdd a llenorion Cymreig. Byddai Gwenda Rees yn cael hwyl fawr ar adolygu cylchgronau Cymraeg. Roedd eitemau'r gegin yn atyniadol iawn, yn enwedig pan oedd Ena Thomas yno. Ac am Huw Rees, does neb yn y byd fel hwnnw am drafod ffasiwn. Gallai Huw Ffash greu eitem allan o ddim byd.

Roedd arlwy amrywiol y rhaglen yn apelio at drwch y bobl, boed yn ddinesig, trefol neu gefn gwlad. Cyfres hynod o boblogaidd oedd honno pan wahoddem feirdd gwlad i'r stiwdio. Fe lwyddodd Arwel Jones, y cymeriad hwnnw o Aberteifi, i wneud i Elinor a minnau grio chwerthin. Yn anffodus, ar ôl ei ail ymweliad, fe welodd rhyw bwysigyn ym Mharc Tŷ Glas yn dda i'w wahardd. Pam? Am fod ei ddeunydd yn rhy hiliol. Ie, enghraifft arall o gywirdeb gwleidyddol wedi mynd yn rhemp.

Doedd ond angen i mi gerdded y stryd yn Llanelli neu yn Aber i gael ymateb ffafriol gwylwyr. Roedd hi'n hwyl gwneud y rhaglen, a theimlaf fod hynny'n cael ei adlewyrchu yn y cynhyrchu. Roedd *Pnawn Da* yn mynd o nerth i nerth. Yna, heb unrhyw rybudd, cefais fy nharo yn gwbl annisgwyl. Ddiwedd mis Mai 2004 daeth gwybodaeth answyddogol y byddai disgwyl i mi adael – doedd dim lle i mi mwyach ar *Pnawn Da*. Roedd y newyddion mor syfrdanol, ni fedrwn ei gredu. Teimlwn yn union fel rhiant a gafodd wybod i rywun fynd â'i blentyn oddi arno.

Newydd orffen rhaglen un prynhawn dydd Mawrth oeddwn i pan alwodd Glynog Davies fi i mewn i'w swyddfa. Doedd gen i ddim syniad beth oedd ei neges. Yn wir, am funud meddyliais fy mod i gael mwy o gyflog. Yna dyma Glynog yn torri'r newydd iddo glywed, yn anuniongyrchol ac yn answyddogol, fod rhywun yn S4C am gael fy ngwared. Pwy? Ni wyddai. Pam? Ni wyddai. Pryd? Ni wyddai. Chwarae teg i Glynog, teimlai gymaint yn y niwl ag y teimlwn i.

Gwaith anwadal yw gwaith teledu ar y gorau, ac ar ôl chwe blynedd o waith rheolaidd, doedd gen i ddim llawer i gwyno yn ei gylch cyn belled ag yr oedd colli swydd yn y cwestiwn. Roeddwn i wedi bod yn ffodus iawn i gael gwaith yn y lle cyntaf. Y ffordd y digwyddodd y peth wnaeth fy siomi i. Ar ôl chwe blynedd o roi fy ngorau, ymddangosai fy mod i'n cael cic yn fy nhin gan rywun anweledig a mud, heb unrhyw esboniad pam. Ac esboniad oedd y peth lleiaf y byddai unrhyw un yn ei ddisgwyl. Doeddwn i ddim yn gofyn hyd yn oed am ddiolch.

Rhyfeddach na'r sibrydion o Barc Tŷ Glas a oedd yn awgrymu fy mod i golli fy swydd oedd y ffaith fod bywyd yn mynd yn ei flaen yn Tinopolis yn ôl ei arfer. Ni wyddai'r staff cyffredin unrhyw beth am y penderfyniad. Eto, pwy bynnag yn S4C oedd am i mi fynd, roedd rhywun neu rywrai yn Tinopolis yn gwybod beth oedd beth, ond am y tri mis nesaf cyn i mi adael, ddywedodd neb ddim. Chwarae teg i un o'r cyfarwyddwyr, Alun Wyn Bevan, ceisiodd hwnnw gael gwybodaeth bendant am yr hyn oedd yn digwydd. Yn anffodus roedd hwnnw hefyd yn y niwl. Cafodd wybodaeth gymysg. Yn gyntaf, dywedwyd wrtho y byddai disgwyl i mi adael ddiwedd mis Awst. Newidiodd hyn i ddiwedd Medi. Yna awgrymwyd y cawn aros tan ddiwedd y flwyddyn. Yna awgrymwyd rhywbryd ym mis Medi. Doedd yr anwadalwch hwn ddim yn fy synnu o ystyried mai S4C oedd yng ngofal pethau. Wedi'r cyfan, gwnaed sbloet fawr o'r ffaith y byddai *Pnawn Da* yn ildio'i le i *Wedi 3* ar ddechrau 2005. Ni ddigwyddodd hynny tan dri mis yn ddiweddarach. Beth yw'r hen ddywediad hwnnw am feddwad a bragdy?

Yn raddol trodd y siom a'r surni'n ddoniolwch. Penderfynais barhau â'm bywyd ac â'm gwaith fel petai dim wedi digwydd.

Wrth i haf 2004 dreulio, roedd y doniolwch yn cyflym droi'n ffars a dechreuais fwynhau'r sefyllfa. Byddwn yn cyrraedd y gwaith ar fore dydd Mawrth gan gyfarch pawb yn llawen. Byddwn yn gadael ddiwedd prynhawn dydd Gwener gan ffarwelio yr un mor llawen gan ychwanegu, 'Wela i chi bore dydd Mawrth – efallai!'

Wrth i mi barhau i gyflwyno'r rhaglen fel petai dim byd yn bod, dechreuwyd galw staff y ddwy raglen i gyd at ei gilydd unwaith yr wythnos. Gan mai gweithio ar fy liwt fy hun a wnawn, welwn i ddim pwrpas mynd i'r cyfarfodydd, yn enwedig gan fod fy nyddiau wedi eu cyfrif. Yn un ohonynt cyhoeddwyd y byddai John Hardy yn ymuno â *Pnawn Da* fel cyflwynydd. Chefais i, wrth gwrs, ddim gwybod hyn ond yn ail-law drwy'r staff cyffredin. Pan ddaeth John i mewn ychydig wythnosau wedyn, mae'n siŵr i rai deimlo cryn syndod o weld y ddau ohonom yn sgwrsio'n hamddenol a chyfeillgar â'n gilydd. Doedd dim bai ar John, ond dydw i ddim yn eiddigeddus ohono yn ei sefyllfa bresennol. Sylweddolais ers tro byd fod y cyfryngau'n creu llawer mwy o elynion nag a wnânt o ffrindiau. Mae'n fyd o wên ar wyneb ond hefyd o gyllell mewn cefn. Gwylied ei gefn!

Deuai'n gliriach o ddydd i ddydd beth oedd bwriad S4C. Er mai ni oedd â'r rhaglen gryfaf, dyfodol *Pnawn Da* oedd bod yn rhyw atodiad i *Wedi 7*. Dechreuwyd cynnwys cyflwynwyr *Wedi 7* ar *Pnawn Da* a dechreuwyd cynnwys eitemau estynedig o *Wedi 7* ar *Pnawn Da* y diwrnod wedyn. A dyna i chi drefnu doeth – eitem gyda'r nos ar *Wedi 7*, honno'n cael ei hailadrodd yn yr ailddarllediad o *Wedi 7* ychydig wedi hanner dydd trannoeth, ac yna'n cael ei dangos am y trydydd tro ar *Pnawn Da* lai nag awr yn ddiweddarach. Yr un eitem, felly, yn cael ei dangos deirgwaith mewn llai nag ugain awr. O'r fath weledigaeth!

Gyda llaw, wn i ddim pwy fu'n gyfrifol am

wreiddioleb enwi'r rhaglenni – *Wedi 3, Wedi 6, Wedi 7*. Tybed a yw Timex yn ariannu'r rhaglenni? Neu, fel yr awgrymais dro'n ôl, o ystyried y cyflogau ym Mharc Tŷ Glas, ai Rolex yw'r noddwyr? Daeth y diwedd i mi o'm dewis fy hun yn y pen draw. Gadewais ar ddydd Iau olaf Awst ar gyfer pythefnos o wyliau. Wrth gerdded allan, penderfynais na ddeuwn yn ôl. Y prif reswm dros ddweud dim wrth neb oedd er mwyn osgoi rhyw seremoni ffarwél ffals. Ar ddiwedd fy wythnos gyntaf o wyliau ar ynys Agistri, ffoniais Alun Wyn Bevan a thorri iddo'r newydd. Erbyn hynny roedd John Hardy ar y soffa yn fy lle. Yr unig edifeirwch a deimlwn oedd i mi beidio â chael cyfle i ffarwelio â'r hen Jiff.

Tua mis wedi i mi adael cefais wahoddiad i'r Talbot yn Nhregaron. Roedd criw o staff *Pnawn Da* wedi dod at ei gilydd i drefnu noson ffarwél i mi a byddaf yn dragwyddol ddiolchgar iddynt am hynny. Bydd fy atgofion o gydweithio â hwy yn rhai melys, a gwnânt bara am byth. Yn wir, bydd fy holl ddyddiau ar *Pnawn Da* yn felys iawn yn fy nghof. Yn yr achos hwn, diolch byth, ni wnaeth afal drwg unigol suro'r holl gasgen.

Rwy'n gredwr mawr mewn rhagluniaeth. Fy mwriad, petawn i wedi cael dewis, oedd ymddeol adeg y Nadolig 2004 yn 65 mlwydd oed. Felly, dim ond tri mis o waith wnes i eu colli mewn gwirionedd. Petai S4C wedi mynd i'r drafferth o gysylltu â mi ac esbonio'r sefyllfa, byddwn wedi gadael yn fodlon ac yn dawel. Ond na. Ni welodd unrhyw un ohonynt yn dda i wneud hynny. Awgrymais ar y pryd fod y tri mwnci diarhebol hynny na wnaent weld dim, clywed dim na dweud dim yn dal yn fyw ac yn cael eu cyflogi gan S4C. Does gen i ddim unrhyw achos dros newid fy meddwl gan fy mod bellach, dros flwyddyn yn ddiweddarach, heb fod un tamaid callach am yr hyn ddigwyddodd. Does neb wedi gweld dim, does neb wedi clywed dim a does neb wedi dweud dim.

Fe gysylltais â'r NUJ gan fanylu ar y ffordd y diswyddwyd fi – neu, yn hytrach, y ffordd na ddiswyddwyd fi – a chefais wybod fod gen i sail gadarn i ddod ag achos yn erbyn S4C a Tinopolis. Er enghraifft, chefais i ddim cytundeb ysgrifenedig. Wnes i ddim derbyn rhybudd diswyddo. Wnes i ddim derbyn gorchymyn diswyddo. Wnes i ddim derbyn ceiniog o dâl diswyddo. Ond na, penderfynais dderbyn y sefyllfa. Byddai dadlau, a hwyrach mynd i gyfraith yn ymddangos fel grawnwin surion.

Teimlaf yn ysgafnach fy meddwl erbyn hyn. Gwn fy mod i'n iachach fy nghorff gan i'm pwysedd gwaed, wedi i mi adael, ostwng ugain pwynt! Rwy'n byw yn ôl yn yr hen fro heb orfod cysgu oddi cartref. Medrwn, pe mynnwn – a hynny am y tro cyntaf yn fy mywyd – fforddio ymddeol. Ond wna i ddim, rwy'n mwynhau fy hun ormod yn ysgrifennu. Ac i ddyfynnu R. Williams Parry, rhywun arall oedd yn deall sut oedd ei dweud hi,

> Digymar yw fy mro drwy'r cread crwn,
> Ac ni bu dwthwn fel y dwthwn hwn.

Nawr mae pob prynhawn yn brynhawn da. Neu, petawn yn cyflwyno ar *Wedi 7*, fe awn mor bell â dweud fod pob prynhawn bellach yn brynhawn bendigedig! Am unwaith, mae'r disgrifiad hwnnw'n agos iawn at fod yn wir.

Fandal, Sgandal a Sgŵp

Prin fyddai neb yn meddwl am sir wledig Ceredigion fel rhyw atynfa i newyddiadurwyr ar drywydd stori fawr. Does fawr ddim byd cyffrous i'w weld yn digwydd yma. Ond bûm yn ddigon ffodus i'm cael fy hun ynghanol mwy nag un stori fawr.

Ymhlith y mwyaf, o ran posibiliadau, oedd ymweliad y Tywysog Charles â Choleg Aber yn 1969. Do, fe fu yno yn gweini tymor wrth ymyl Dan y Coed yn y dref. Er, dwi'n amau'n fawr ai dyna'r lle difyrra y buodd e ynddo erioed.

Roedd gwanwyn 1969 yn un o'r cyfnodau mwyaf cyffrous yng Nghymru yn ystod y ganrif ddiwethaf. Roedd yr Arwisgo ar y gorwel, y Tywysog ar ei ffordd i Aber a bomiau'n tasgu o gwmpas, diolch i fudiad cudd a alwai ei hun yn MAC, Mudiad Amddiffyn Cymru. Ar yr un pryd bygythiai Byddin Rhyddid Cymru chwythu popeth i ebargofiant.

Cyrhaeddodd y Tywysog, a gwasg y byd yn ei sgil, i dref a oedd dan warchae. Fedrai neb ollwng rhech, heb sôn am ollwng sgrech, heb i'r heddlu cudd gofnodi'r cyfan. Yn wir, un o gêmau mwyaf diddorol y cyfnod oedd adnabod yr heddlu cudd o blith cwsmeriaid arferol tafarnau'r dref, gêm a gâi ei galw gan y myfyrwyr Saesneg yn 'Spot the Pig'.

Ond roedd i'r cyfan adlais difrifol iawn. Cafwyd sibrydion am heddwas yn Neuadd Pantycelyn yn honni bod yn fyfyriwr. Fel petai hynny ddim yn ddigon, roedd yna rywun o'r enw Charles yno hefyd yn honni bod yn

Dywysog Cymru. Cafwyd sibrydion hefyd am ysbïwyr ymhlith y myfyrwyr. Ofer ar y pryd fu'r holl holi a chwilio. Gwadwyd bodolaeth y plismon a'r ysbïwyr yn huawdl gan yr heddlu a chan awdurdodau'r coleg ac yn hyn o beth, roeddynt yn dweud celwydd noeth.

Pan ryddhawyd Dogfennau Cyhoeddus 1969 ddeng mlynedd ar hugain yn ddiweddarach, cafwyd yr atebion y bu newyddiadurwyr ac eraill yn chwilio amdanynt mor ddygn ac mor aflwyddiannus ar y pryd. Oedd, roedd yna blismon ym Mhantycelyn yn byw fel myfyriwr. Ond yn wahanol i'r gred gyffredinol roedd David Alun Davies yn fyfyriwr go iawn a oedd yn y Coleg yn astudio ar gyfer gradd BSc Econ. Awgrymwyd y syniad o'i ddefnyddio fel plismon cudd gan y Dirprwy Brif Gwnstabl ar y pryd, a derbyniwyd y syniad hwnnw gan y Prif Gwnstabl, J. Ronald Jones. Roedd David Alun Davies yn fyfyriwr unigryw – doedd dim angen iddo fyw ar grant myfyriwr. Derbyniai, yn rhinwedd ei swydd fel plismon, gyflog Inspector wrth astudio ar gyfer gradd. Brodor o Dre-fach Felindre ydoedd, yn fab i blismon. Fe'i haddysgwyd yn Hendy-gwyn ar Daf wedi i'r teulu symud yno, ac aeth ymlaen i ennill ei radd yn Aber. Bu'n gweithio wedyn fel plismon yn Llundain lle'i dyrchafwyd yn Arolygwr a bu farw rai blynyddoedd yn ôl.

Beth am ysbïwyr ymhlith y myfyrwyr? Ar ôl 30 mlynedd o ddyfalu, datgelodd dogfennau swyddogol 1969 yn yr Archifdy Gwladol yn Kew mai'r Prifathro ei hun, Thomas Parry, wnaeth recriwtio tri myfyriwr i gadw golwg ar eu cyd-fyfyrwyr. Erbyn hyn mae enwau'r tri yn gwbl hysbys. Clywais ddweud, gyda llaw, i un ohonynt fynd â'r hen Garlo adre i de un pnawn Sul, ac yno i'w groesawu roedd corws o ferched yn canu 'God Bless the Prince of Wales'!

Erbyn diwrnod cyntaf Charles yn Aber roedd gwasg y

byd wedi ymgynnull yno. O dan y fath amgylchiadau ag a fodolai yng Nghymru ar y pryd, gyda bomiau'n ffrwydro bob wythnos, bron, roedd hi'n stori fawr, wrth gwrs, a theimlid y gallai bywyd y Tywysog fod mewn gwir berygl. Yn wir, dengys y dogfennau swyddogol yn Kew i'r Arwisgo ddod o fewn dim i gael ei ddileu yn llwyr. Roedd y Prif Weinidog, Harold Wilson, o blaid hynny. Dim ond brwydro caled gan George Thomas wnaeth arbed y sefyllfa.

Yn ystod yr wythnos gyntaf roedd *Equerry*'r Tywysog, David Checkets, yn cynnal cynhadledd i'r wasg yn ddyddiol ac yn un ohonynt roedd Charles ei hun yn bresennol. Ond wedi'r wythnos gyntaf, a dim byd o bwys yn digwydd, penderfynodd nifer helaeth o'r newyddiadurwyr roi eu beiros yn y to a gadael. Ond arhosodd y craidd caled yn y gobaith y digwyddai rhywbeth. Yn wir, ceisiodd rhai ohonynt greu storïau. Roedd cynnig answyddogol y byddai ffoto o'r Tywysog yn yfed peint yn werth £500! Ni ddaeth un llun i'r fei. Roedd y newyddiadurwyr segur yn ddiolchgar am y briwsion a ddisgynnai o fwrdd Cymdeithas yr Iaith Gymraeg a datganiadau bygythiol Byddin Rhyddid Cymru.

I mi, fel yr unig un ymhlith y criw a siaradai Gymraeg, daeth ymweliad y Tywysog fel manna o'r nefoedd. Gofynnid i mi bron yn ddyddiol i gyfieithu rhyw ddatganiad neu'i gilydd a chawn wahoddiad i frecwast bob bore yn y White Horse, lle byddai siampên pinc yn llifo megis afon. Gyda'r hwyr roedd pob nos yn barti yng nghwmni hacs fel Jim Price, Reg Jones, Dave Radcliffe a Gibb McCall. Un noson penderfynodd Gibb gadw cyfrif o'r nifer o fesurau o Bacardi a yfai drwy adael ceiriosen yn ei wydr ar gyfer pob diod. Erbyn diwedd y nos doedd dim lle yn ei wydr i'r Bacardi.

Gofalwr personol y Tywysog yn Aber oedd Haydn

Davies o Bontarddulais, Cymro Cymraeg ac aelod o'r *Special Branch*. Wedi iddo ymddeol daeth Haydn yn ôl i fyw i Aberystwyth a deuthum yn ffrindiau mawr ag ef. Bu'n ddigon caredig i roi cyfweliad egscliwisf i mi ym mar y Cŵps un prynhawn ar gyfer *Y Cymro*. Soniodd am ei atgofion fel gofalwr personol i Charles, a chadarnhaodd yr hyn yr oeddwn wedi ei amau. Oedd, yr oedd yn arfog gydol yr amser tra oedd ar ddyletswydd yn Aber gyda'r Tywysog. Ac unwaith eto dyma brofi gwerth gweithio drwy gyfrwng y Gymraeg. Gwrthododd yn bendant â chyf-weld ag unrhyw un ar gyfer papur Saesneg. Ei esgus dros wrthod bob tro oedd iddo arwyddo'r Ddeddf Cyfrinachau Swyddogol. Yn amlwg, ni chredai Haydn fod honno'n berthnasol yn Gymraeg!

Fel y dywedais, talodd ymweliad y Tywysog ar ei ganfed i mi ond hyd yn oed wedi iddo adael, daliais i elwa ar ei draul. Bob bore yn ystod ei dymor yn Aber âi i nofio i'r Borth, gan ddadwisgo y tu ôl i un o'r tai teras sydd â'u cefn at y môr. Un bore, wrth iddo gerdded tua'r môr, ni sylwodd y Tywysog fod y perchennog wedi gosod concrid dros ei iard gefn y noson cynt. Camodd Charles ar y concrid gwlyb. Wyddwn i ddim o'r hanes ar y pryd ond, dair blynedd yn ddiweddarach, fe ffoniais Jim Lawson o'r *Sunday People* a dweud wrtho am yr hanes. Daeth hwnnw i lawr ar ei union a chariwyd y stori yn y papur. Elwais £60 o'r stori fach honno, swm oedd yn cyfateb ar y pryd i ddwywaith fy nghyflog wythnosol. Hyd y gwn i, mae ôl troed Charles yn y concrid hyd y dydd heddiw. Nid hwnnw oedd y tro cyntaf, na'r tro olaf, iddo roi ei droed lle na ddylai.

Gadawodd Charles ar ddiwedd y tymor heb unrhyw anhap ond mae'n werth cynnwys un ôl-nodyn. Ar ei ddiwrnod cyntaf yn Aber roedd ffotograffwyr ledled y byd yn disgwyl amdano y tu allan i'r Hen Goleg ac fe ddigwyddodd yr un peth wrth iddo adael y diwrnod hwnnw. Wrth iddo gerdded i fyny Stryd y Brenin at ei gar, gwaeddodd Ron Davies, Aberaeron, arno. Ac yn wir, bu iddo ryw hanner troi yn ôl. Ar yr eiliad honno tynnodd Ray Daniel ei lun, a hwnnw'n glasur o bortread. Fe ymddangosodd y llun yn *Y Cymro* ac ar ddiwedd ei arhosiad yn Aber gofynnodd Charles i David Checkets chwilio am y ffotograffydd a fu'n gyfrifol am dynnu'r llun arbennig hwnnw, ac archebu copi. Clywodd Ray yn ddiweddarach i rywun ymweld â Charles gan weld yr union lun mewn ffrâm ar ei fwrdd. Felly gall honni ei fod yn ffotograffydd 'drwy Awdurdod Brenhinol'!

Trannoeth i syrcas yr Arwisgo roedd pob papur yn cario lluniau o'r Tywysog a'r seremoni fawr ar eu tudalennau blaen. Pob papur, hynny yw, ond *Y Cymro*. Er tragwyddol glod i'r golygydd, Llion Griffiths, dewisodd hwnnw roi'r prif sylw i syrcas go iawn gyda dau lun o'r ffotograffydd, Ray Daniel, yn darged i ferch taflu cyllyll. Bu Llion, a hynny yng ngwyneb cryn feirniadaeth gan rai, yn gwbl driw i'w egwyddorion gydol y cyfnod anodd hwn. Bu o dan bwysau mawr gan ei gyflogwyr, ymhlith eraill, i gydymffurfio. Ond gwrthododd blygu.

Ar ddiwrnod yr Arwisgo yn Syrcas Fawr Caernarfon roeddwn i yn Llys y Goron Abertawe yn adrodd ar ddiwrnod olaf yr achos yn erbyn saith aelod o Fyddin Rhyddid Cymru. Ar y diwrnod cynt cafwyd dau ohonynt, Dai Bonnar Thomas a Glyn Rowlands, yn ddieuog. Cafwyd y gweddill yn euog ar wahanol gyhuddiadau yn ymwneud â'r Ddeddf Trefn Gyhoeddus. Cafwyd Cayo Evans yn euog o 15 cyhuddiad a'i ddedfrydu i garchar am 15 mis ar bob un ohonynt, y carchariad yn gydamserol. Cafwyd Dennis Coslett yn euog ar wyth cyhuddiad a'i ddedfrydu, fel Cayo, i 15 mis. Carcharwyd Gethin ap Iestyn am naw mis, wedi iddo gael ei brofi'n euog o un cyhuddiad. Ar un cyhuddiad y cafwyd Tony Lewis hefyd yn euog a dedfrydwyd ef i wyth mis, y ddedfryd wedi ei gohirio am dair blynedd. Gohiriwyd dedfryd o garchar am chwe mis yn achos Vivian Davies, a gafwyd yn euog o un cyhuddiad. Ac yn achos Vernon Griffiths, fe dderbyniodd dri mis wedi ei ohirio am ddwy flynedd wedi i'r rheithgor ei gael yn euog o fod â gwn sten yn ei feddiant yn anghyfreithlon.

Yr hyn sy'n sefyll yn fy nghof o'r diwrnod hwnnw yw araith Dennis Coslett o'r doc, lle mynnodd gyfarch y Barnwr Thompson fel 'ti', nid am ei fod am ddangos amharch i'r Barnwr ond am na allai barchu'r symbol ar y mur y tu ôl iddo, sef baner Jac yr Undeb, ac am i'r gair 'trais' gael ei ddefnyddio droeon wrth ei ddisgrifio ef. Cyfeiriodd at y ffaith iddo gael ei gyhuddo o gario arfau yn anghyfreithlon. Eto, meddai, bu'n gwasanaethu ym Myddin Prydain lle dysgwyd ef i ddefnyddio arfau er mwyn hyrwyddo trais. Ymddangosai felly, meddai, fod hyrwyddo trais Seisnig yn rhywbeth anrhydeddus. Roedd gwersylloedd milwrol ar dir Cymru a'r lluoedd milwyr a'r llongau rhyfel a alwyd ynghyd ar y Fenai i warchod yr Arwisgo er mwyn diogelu'r hunaniaeth Seisnig yn gyfreithlon, wrth gwrs.

Aeth ymlaen i ofyn onid oedd gwisgo cadlanciau mewn lifrai milwrol a'u hyfforddi mewn dull militaraidd yn drosedd, felly? Na, roedd trais Seisnig yn iawn ac yn gyfreithlon tra oedd trais Cymreig yn rhywbeth ofnadwy. Dyna, meddai, oedd dechrau a diwedd yr holl achos.

Disgrifiwyd aelodau Byddin Rhyddid Cymru gan rai fel ffyliaid. Pawb â'i farn. Ond os ffyliaid, roeddent mewn cwmni da. Fe'u cefnogwyd gan un arall a fu'n ffŵl dros Gymru, Saunders Lewis.

Yn ystod yr holl ffars yn 1969 roeddwn i mewn sefyllfa ddiddorol a pheryglus. Fel cyfaill mawr i Cayo, gwyddwn yn dda hyd a lled y mudiad. Mewn gwirionedd mudiad 'sbin' oedd yr FWA, ac un hynod lwyddiannus. Ac mae'r modd y cawsant eu trin yn dal i ddrewi. Unig bwrpas yr awdurdodau, o dan arweiniad y Comander Jock Wilson o Scotland Yard, oedd ceisio dangos i'r Llywodraeth, ac i lywodraethau gwledydd eraill, eu bod nhw'n gwneud rhywbeth pendant i atal terfysg. Ar ôl arestio aelodau blaenllaw'r FWA, broliodd Wilson bod y bomio bellach ar ben. Ond roedd gan MAC syniadau eraill. Roedd yr achos yn erbyn y saith aelod o'r FWA i agor ar 16 Ebrill. Lai nag wythnos cyn hynny bu ffrwydrad yn swyddfeydd y Dreth Incwm yng Nghaer. Dim rhyfedd bod Harold Wilson wedi ceisio rhoi'r farwol i'r Arwisgo.

Y gwir amdani yw i Cayo Evans a'r gweddill gael eu bradychu gan yr awdurdodau. Trawodd Jock Wilson fargen â Cayo y gadawai lonydd iddo petai Cayo yn gwaredu cyflenwad o arfau ac yna'n ei ffonio ef i'w hysbysu ymhle i'w canfod. Cytunodd Cayo a thaflodd ddwsenni o hen arfau diwerth i lyn rhwng Pontrhydfendigaid a Thregaron. A syndod y byd! Dyma'r heddlu'n cyhoeddi wrth y byd a'r betws iddynt wneud darganfyddiad pwysig iawn drwy ddarganfod arfau'r FWA ym Maes Llyn. Sgŵp i'r heddlu! Wedyn, wrth gwrs, torrwyd y cytundeb gwreiddiol ac arestiwyd Cayo a'r lleill a'u cyhuddo, ymhlith cyhuddiadau eraill, o fod ym meddiant rhai o'r arfau a daflwyd i'r llyn.

Bûm i'n ffodus iawn i beidio â chael fy nghyhuddo fy hun o fod ag arf anghyfreithlon yn fy meddiant. Un noson derbyniais rodd gan Cayo – dryll .38 Smith and Wesson. Ar yr unig achlysur i'r heddlu archwilio fy nghartref roedd y gwn a dwsin o fwledi ar dop un o'r droriau yn fy stafell wely. Yn ffodus, wrth gymryd arnaf fy mod yn cynorthwyo'r chwilio, llwyddais i guddio'r gwn o dan ddillad y gwely ac yna cuddio'r bwledi yn fy mhoced. Dihangfa gyfyng fu honno.

Blwyddyn anodd oedd 1969. Roedd pawb yn amau ei gilydd, a llawer o'r amau hynny wedi ei greu gan yr heddlu. Mae hi'n hen stori, wrth gwrs, ceisio troi ffrind yn erbyn ffrind. Yn ffodus roeddwn i ar delerau da â'r heddlu lleol – yr heddlu dieithr, rhai cudd ac amlwg, oedd y broblem. Byddai'r heddlu cyffredin yn dueddol o yfed yn y tafarndai poblogaidd Cymraeg, nid am eu bod yn ceisio clustfeinio ond yn hytrach am mai yno yr hoffent yfed. Ond yn eu cysgod deuai plismyn dieithr. Gwelais Jock Wilson ei hun yn yr Hydd Gwyn un noson yn cymryd arno fod yn un o'r bois. Un arall a gymerai arno fod yn un ohonon ni oedd y Prif Arolygwr Viv Fisher. Llwyddodd i ennill cyfrinachedd aml i genedlaetholwr ond petai hwnnw wedi cael owns o dystiolaeth yn eu herbyn, byddent i mewn ar eu pennau.

Bu Viv Fisher yn gyfrifol am i mi gael fy nghymryd i mewn un noson i Swyddfa'r Heddlu yn Aberystwyth. Gadawyd fi ar fy mhen fy hun am tua dwyawr a thra oeddwn yno roedd plismyn yn cerdded i mewn yn cario ffrwydron, gan roi'r argraff iddynt eu canfod yng nghartref Cayo. Gwnaent yn siŵr y byddwn yn clywed eu sgyrsiau. Byddai un yn cymryd arno sibrwd wrth y llall fod Cayo yn canu fel caneri a'i fod wedi enwi pawb. Gwnaent yn siŵr, wrth gwrs, y byddai eu sibrydion yn fy nghyrraedd i. Gollyngwyd fi heb unrhyw gyhuddiad am chwech o'r gloch y bore i ganfod fy ffordd fy hun adref i Bontrhydfendigaid. Yn ffodus roedd plismon lleol yn sefyll y tu allan ac aeth hwnnw â mi adref bob cam yn un o geir yr heddlu.

Gwn i sicrwydd fod yr awdurdodau'n clustfeinio ar fy ffôn yn ystod y cyfnod hwn. Digwyddodd hefyd adeg ymgyrch Operation Tân ar Sul y Blodau 1980, pan arestiwyd nifer o genedlaetholwyr ledled Cymru ar amheuaeth o losgi tai haf. Y dyddiad oedd 30 Mawrth a derbyniais alwad oddi wrth gydnabod o Dal-y-bont yn ystod oriau mân y bore yn dweud fod Robat Gruffudd, y Lolfa, a'i wraig, Enid, ymhlith y rhai a ddygwyd i'r ddalfa.

Euthum ati'n ddiymdroi i ffonio papurau Lloegr ac o fewn dwyawr roedd Jim Price o'r *Express* yn canu corn ei gar y tu allan. Roedd cefndir rhyfedd i'r digwyddiadau hyn. Ar y nos Wener cyn hynny roeddwn i ymhlith criw a oedd yn yfed yn hwyr yn yr Hen Lew Du. Yno gyda ni roedd tri ditectif lleol. Wrth i'r nos droi'n fore codwyd cwestiwn llosgi tai haf a gofynnodd un ohonynt i mi yn fy ngwyneb a oeddwn i o blaid y llosgi. Atebais fy mod i, a hynny am y rheswm syml fod rhywun fel fi, a oedd yn ceisio cael cymhorthdal i foderneiddio ei gartref, wedi fy ngwrthod tra oedd mewnfudwyr cefnog yn cael pob help.

Pan glywais y stori trannoeth am yr holl arestio teimlwn yn siŵr mai fi fyddai'r nesaf i glywed cnoc ar fy nrws a theimlo llaw ar fy ysgwydd. Yn wir, fe ddaeth cnoc ar y drws y noson honno, a llaw ar fy ysgwydd. Plismon mewn lifrai oedd yno – yn ffodus, hen gyfaill, PC Terry Marshall, oedd e. Gwahoddais ef i mewn a bu'n sgwrsio am yr holl arestio. Teimlai'n flin iawn i Enid Gruffudd, o bawb, gael ei harestio. Wrth iddo adael, gosododd ei law ar fy ysgwydd a dywedodd, 'Mae dy ffôn di wedi bod yn brysur heddiw, gwd boi!' Doedd dim angen dweud mwy. Diolchais iddo am yr wybodaeth. Roeddwn i wedi amau fod tap ar fy ffôn beth bynnag a bûm yn garcus iawn drwy'r dydd wrth sgwrsio. Da i mi wneud hynny.

Roedd y berthynas rhwng yr heddlu a'r wasg yn Aber yn un ddigon cyfeillgar ar y cyfan. Byddai Peter Roberts o'r *Western Mail*, Arthur Williams o'r *Cambrian News* a minnau yn cyfarfod yn rheolaidd ac yn aml byddem yn taro ar blismyn mewn rhyw far neu'i gilydd. Weithiau caem wybod ganddynt, yn answyddogol, am y datblygiadau diweddaraf. Neu'n hytrach y diffyg datblygiadau. Sonient hefyd am ddulliau'r llosgwyr, megis y dull o ddefnyddio asid mewn condom. Petai rhywun yn gofyn i mi yn awr a wnes i ganfod pwy oedd rhai o'r llosgwyr, gallwn ateb fy mod i'n credu i mi adnabod o leiaf ddau. Teimlaf fod y naill wedi gweithredu unwaith yn unig ac ar ei ben ei hun, tra bod y llall wedi gweithredu fwy nag unwaith ac yng nghwmni eraill. Does gen i ddim mymryn o dystiolaeth o ran y naill na'r llall, felly does dim pwrpas i'r heddlu ddod draw i holi. Hyd yn oed petai gen i dystiolaeth, wnawn i ddim dweud.

Yn ystod Operation Tân bu'r heddlu'n gwylio dros hanner cant o genedlaetholwyr ar y bore hwnnw o Sul y Blodau a dygwyd tua'u hanner i wahanol swyddfeydd heddlu ledled Cymru. Bu rhai yn y ddalfa am dros 80 awr, yn cael eu holi am eu daliadau gwleidyddol. Un o'r prif swyddogion yng ngofal y cyrch oedd y Ditectif Brif Uwch Arolygydd Pat Molloy ac mae'n debyg i ambell un dderbyn triniaeth lai na charedig ganddo. Yr athroniaeth tu ôl i'r arestio, meddai Molloy, oedd ysgwyd cenedlaetholwr neu ddau i weld beth ddeuai allan o'u pocedi.

Ychydig flynyddoedd yn ddiweddarach digwyddais gyfarfod â Molloy mewn bar yn Aberystwyth a theimlwn fel ei atgoffa o'i ffolineb adeg Operation Tân. Ond gan iddo ddechrau sôn wrthyf am ei ddiddordeb yn Michael Collins a hanes gwleidyddiaeth Iwerddon, meddyliais mai taw oedd piau hi. Ac i unrhyw un oedd yn adnabod Pat Molloy roedd hwnnw'n benderfyniad call ar y naw. Roedd yn ddyn enfawr ac yn claddu peintiau o Ginis mewn modd a godai gywilydd ar Brendan Behan ei hun. Yn wir, cefais ef yn gwmni difyr tu hwnt. Wrth gwrs, mewn bar roeddwn i'n siarad ag ef, nid tu ôl i farrau. Ond methaf ddeall hyd y dydd heddiw sut medrai un a oedd yn gymaint o genedlaetholwr Gwyddel fod mor wrthwynebus i genedlaetholwyr o Gymry. Broliai fod ei fam-gu wedi ei harestio am gynorthwyo'r IRA. Byddwn yn dod i gysylltiad â Molloy ar fater tra gwahanol yn fuan wedyn. Yr achlysur hwnnw oedd llofruddiaeth erchyll yng nghanol cefn gwlad Ceredigion pan saethwyd yn farw un o gymeriadau mawr Mynydd Llanddewi Brefi, y bugail addfwyn hwnnw, John Williams, a ffermiai ym Mrynambor, tyddyn o 300 erw. Roedd John, a oedd yn 61 mlwydd oed, yn gymydog da ac yn aelod selog yng Nghapel Soar y Mynydd. Ysgydwodd y digwyddiad yr ardal yn gyfan. Methai unrhyw un gredu fod neb wedi saethu John yn fwriadol. Os oedd unrhyw un heb elyn yn y byd, John Brynambor oedd hwnnw. Ond yr oedd ganddo un gelyn, gŵr ifanc a chanddo obsesiwn am y mynydd ac a gredai fod yna bobl, John yn eu plith, am ei gadw oddi yno.

Roedd John, cawr o ddyn chwe throedfedd o daldra ac yn pwyso deunaw stôn, wedi bod mewn dau angladd ddydd Sadwrn, 22 Ionawr 1983. Yna galwodd yn nhafarn y Foelallt yn Llanddewi Brefi lle hoffai beint a gêm o ddraffts. Gadawodd am ei gartref tua 11.30 a gwelwyd golau ei fan Morris 1000 gan un o'i gymdogion ychydig cyn hanner nos. Sylwodd y cymydog fod cŵn Brynambor wedi bod yn cyfarth drwy'r nos.

Y bore wedyn canfuwyd corff y cawr addfwyn yng nghegin ei gartref, wedi ei saethu â'i ddryll ei hunan. Yng ngofal yr ymchwiliad oedd Pat Molloy. Cofiaf fynd i'r cynadleddau i'r wasg a gynhelid yn y pentref yn ddyddiol, lle trowyd y neuadd leol yn stafell ddigwyddiadau, ac fe brofodd achos John Williams pa mor bwysig yw gwybodaeth leol. Roedd y Sarsiant lleol wedi dweud o'r dechrau pwy oedd yn debygol o fod wedi llofruddio John.

Roedd gan Richard Anthony Gambrell record o ymosod ar bobl ar y mynydd.

Yn fachgen a fabwysiadwyd pan oedd yn dair oed roedd yn gynnyrch ysgol fonedd yn Hampshire. Datblygodd drwgdeimlad rhyngddo ef a'i lysfam ac ymosododd yn ffyrnig arni. Yna, ganol y saithdegau dechreuodd ymweld â'r ardal rhwng Tregaron a Rhandir-mwyn ac amheuwyd ef o dorri i mewn i dai haf. Wrth i'r heddlu ei ymlid, torrodd i mewn i dŷ arall a bygythiodd ei ymlidwyr â gwn. Credir mai gwn a gafodd ei ddwyn o Frynambor oedd hwn. Carcharwyd ef wedi'r digwyddiad hwnnw ond dychwelodd fis Medi 1982. Ar y noson y llofruddiwyd John, credir iddo fod yn cuddio ym Mrynambor gan ddisgwyl y perchennog adref. Pan sylweddolodd John fod rhywun yn y tŷ aeth yn ymrafael a saethwyd ef yn farw â'i ddryll ei hun. Yn sicr, petai John wedi cael gafael go iawn yn Gambrell, buasai wedi ei drechu yn hawdd.

Ffodd y llofrudd i'r mynydd a bu'n lletya yn y Neuadd Arms yn Llanwrtyd am ddwy noson. Yna clywodd yr heddlu am rywun oedd yn torri i mewn i dai yn ardal Lymington, nid nepell o'r ysgol fonedd lle bu Gambrell yn ddisgybl. Oddi yno ffoniodd ei gyn-brifathro ac yn fuan wedyn fe'i daliwyd ac ar ddiwedd yr achos llys fe'i carcharwyd am oes. Bu hwn yn achos a gafodd sylw mawr ledled gwledydd Prydain a chafodd un o luniau Ray Daniel o John ar ei geffyl ar ei ffordd i Soar y Mynydd ei ddefnyddio'n helaeth gan y papurau. Hwn oedd un o'r achosion tristaf i mi ymwneud ag ef erioed.

Yn rhyfedd iawn, er i mi droedio ffin denau rhwng newyddiaduraeth a gweithredu gwleidyddol ar un adeg, dim ond dwywaith erioed y sefais o flaen llys barn, a'r ddau dro fel tyst. Yn Llys Ynadon Tregaron oedd y tro cyntaf, a minnau'n dyst ar ran Cayo Evans, a gyhuddwyd o regi plismon. Fe'i cafwyd – oes angen dweud? – yn euog.

Yr eildro oedd yr achlysur mwyaf diddorol gan i mi dderbyn gwŷs tystiolaeth i ymddangos yn yr achos cynllwynio yn Llys y Goron Abertawe, pan gyhuddwyd saith o swyddogion Cymdeithas yr Iaith Gymraeg o gynllwyn. Deilliodd yr achos o ddigwyddiadau yng Nghyfarfod Cyffredinol Blynyddol y Gymdeithas yn Neuadd y Plwyf, Aberystwyth, ar 10 Hydref 1970. Yno derbyniwyd cynnig yn cefnogi dryllio arwyddion ffyrdd. Fi a Ioan Roberts oedd wedi bod yn gyfrifol am adroddiadau yn *Y Cymro* o'r cyfarfod. Pan ofynnwyd i mi fynychu'r achos llys, gwrthodais, a dyna'r rheswm dros y wŷs dystiolaeth, a'm gorfodai i fod yn bresennol.

Fy mwriad gwreiddiol oedd gwrthod beth bynnag, gweithred a allai fod wedi arwain at garchar. Ond teimlai swyddogion y Gymdeithas y byddai fy nhystiolaeth o gymorth i'r amddiffyn, gan y medrwn dystiolaethu bod y cyfarfod yn un cwbl agored. Golygai hynny nad oedd yno gynllwyn, gan fod cynllwyn, yn ei hanfod, yn golygu cyfrinachedd. Gan i mi wrthod mynd i'r bocs tystio o'm gwirfodd, cadwyd fi tan y diwedd fel y tyst olaf. Er nad oeddwn i ar brawf, teimlwn felly a chefais fy holi'n ddidrugaredd gan Emlyn Hooson QC.

Fel rhan o'r wŷs roedd rheidrwydd arnaf i gyflwyno fy llyfr nodiadau o'r cyfarfod. Gofynnodd Emlyn Hooson i mi ei gyflwyno. Dywedais na fedrwn. Pam, gofynnodd? Minnau'n ateb i mi losgi'r llyfr. Bu bron iddo gael strôc yn y fan a'r lle. Prysurais i esbonio mai polisi'r *Cymro* oedd cadw llyfrau nodiadau am dri mis yn unig. Doeddwn i ddim wedi derbyn y wŷs tan chwe mis wedi'r cyfarfod. Erbyn hyn roedd bron saith mis wedi mynd heibio. Cefais fy esgusodi, felly, rhag dangos y llyfr nodiadau.

Bwriad Dafydd Iwan, un o'r saith diffynnydd, oedd cael

y cyfle i'm holi a oedd y cyfarfod yn un cwbl agored. Petawn i'n cadarnhau hynny, yna byddai'n anodd honni bod y Gymdeithas wedi cynllwynio unrhyw beth mewn cyfarfod a oedd â'i ddrysau'n agored i'r cyhoedd. Wrth gwrs, fe gadarnheais ei fod e'n un agored, gan i mi gael mynediad iddo yn gwbl ddidrafferth.

Wedi i Dafydd orffen fy holi, cododd Emlyn Hooson a chyfeiriodd at nifer o bwyntiau a oedd yn taflu cryn amheuaeth ar yr honiad fod y cyfarfod yn un agored. Gofynnodd faint o aelodau'r cyhoedd oedd yno. Ni fedrwn ateb. Gofynnodd i mi enwi rhai aelodau o'r cyhoedd oedd yno. Ni fedrwn ateb. Yna gofynnodd i mi a oedd fy adroddiad ar dudalen flaen *Y Cymro* yn un cywir. Atebais ei fod, o'm rhan i, ond na allwn ateb dros Ioan Roberts gan nad oedd hwnnw'n bresennol. Pwysleisiais fod y ddau ohonom wedi cyfrannu i'r stori a'i bod hi'n amhosibl, ar ôl chwe mis, i gofio pwy oedd wedi bod yn gyfrifol am beth yn yr adroddiad.

Doeddwn i ddim yn mynd i ddweud celwydd o flaen y llys ond teimlwn, trwy dynnu enw Ioan i mewn, fod modd creu elfen o amheuaeth p'un a oedd *popeth* yn yr adroddiad yn adlewyrchu'n gywir *bopeth* a ddigwyddodd yn y cyfarfod. Wedi'r cwbl, ar gynnwys ein hadroddiad ni yn *Y Cymro*, yn ôl pob golwg, y seiliai'r erlyniad eu dadl bod aelodau'r Gymdeithas wedi bod yn 'cynllwynio'. Roedd angen cymhlethu'r sefyllfa o ran y cyhuddiad o gynllwyn, a dyna pryd y cefais fy llorio gan Emlyn Hooson. Gofynnodd i mi eto a oedd y stori'n wir. Oedd, meddwn, o'm rhan i, ond ni allwn ateb dros Ioan. A oeddwn i'n ffrindiau gyda Dafydd Iwan? Oeddwn. A oedd Dafydd Iwan wedi trafod adroddiad *Y Cymro* gyda mi wedi i'r stori ymddangos? Oedd. A oedd Dafydd Iwan wedi cwyno fy mod i neu Ioan wedi gwneud unrhyw gamgymeriad yn *Y Cymro*? Nac oedd. Roedd hi'n amlwg, felly, fod yr holl stori yn *Y Cymro* yn gywir. Gwenodd Emlyn Hooson ac eistedd. Yr oeddwn, chwedl Pontshân, wedi caca ar y gambren! Euthum o'r bocs wedi dysgu gwers bwysig: peidiwch byth â cheisio bod yn rhy glyfar o flaen Cwnsler y Goron neu fe wnaiff eich malu'n rhacs.

Ond doedd y cyfan ddim yn wastraff. Gan i mi orfod aros tan ddiwedd yr achos derbyniais dreuliau o £60, arian a drosglwyddais i'r Gymdeithas.

Cyfeiriais eisoes at fy nghyfeillgarwch â dau newyddiadurwr arall yn Aber: Peter Roberts ac Arthur Williams. Cychwynnodd y tri ohonom tua'r un adeg, er eu bod nhw'n iau na mi. Bu i Peter olynu Mansel Jones ar y *Western Mail* yn 1970; ef aeth ymlaen i fod yn swyddog y wasg gyda HTV. Arthur wnaeth fy olynu i ar y *Cambrian News*. Tueddai'r tri ohonom i fod gyda'n gilydd ym mhob man. Un noson daliwyd ni gan blismon, y tri ohonom yn piso yn erbyn wal.

'Nawr 'te,' meddai'r plismon, 'mae'r tri ohonoch chi'n gwneud hynna yn erbyn y gyfraith.'

'Na,' atebodd Arthur, 'r'yn ni'n ei wneud e yn erbyn y wal.'

Roedd gan y plismon synnwyr doniolwch a chawsom lonydd ganddo.

Un o'r profiadau mwyaf diddorol i ni yn Aber fu'r cyfnod hwnnw ar ddechrau'r wythdegau pan adawodd Doug Wright fel golygydd, a'r cwmni'n penderfynu penodi golygydd o Stryd y Fflyd, sef Jonathan Holborow. Cynnyrch ysgol fonedd Charterhouse oedd Holborow a ddringodd o fod yn ohebydd ar y *Maidenhead Advertiser* i fod yn olygydd newyddion gyda'r *Daily Mail* yn Llundain. Pam y ceisiodd am swydd golygydd y *Cambrian News*, Duw yn unig a ŵyr. Symudodd ef a'i deulu i fyw i ardal Llandysul ac o'r dechrau bu'n wrthwynebus i addysg Gymraeg. Yn enw'i wraig byddai'n ysgrifennu llythyron yn ei bapur ei hun yn beirniadu'r syniad o sefydlu Ysgol Gymraeg yn Nyffryn Teifi.

Un dydd fe'i ffoniwyd gan rywun yn cwyno fod Arthur Williams wedi ysgrifennu erthygl ymfflamychol yn Gymraeg a oedd yn gefnogol i Gymdeithas yr Iaith Gymraeg. Dyma alw Arthur i'w swyddfa. O'i flaen roedd y dudalen a gynhwysai'r stori dan sylw. Siaradai ag Arthur gyda'i hances boced dros ei geg, arwydd sicr ei fod mewn hwyliau drwg. Mynnai esboniad gan Arthur ar gynnwys yr erthygl. Esboniodd Arthur wrtho'n dawel mai cynnwys yr erthygl oedd adolygiad o lyfr coginio. Roedd rhywun wedi twyllo Jonathan yn fwriadol.

Hoff froliant Jonathan oedd sôn am ei gyfnod fel gohebydd y *Daily Mail* yng Ngogledd Iwerddon. Ef, meddai, oedd yn 'rhedeg y rhyfel' yno. Un noson ar ôl codi ei fys bach ychydig yn rhy aml fe roddodd orchymyn i Arthur fynd allan i Ogledd Iwerddon i holi rhai o'r milwyr Cymreig o ddalgylch y papur. Cyrhaeddodd Arthur y gwaith y bore wedyn ar ôl galw mewn siop deganau ar y ffordd. Cerddodd i mewn i swyddfa Jonathan yn gwisgo helmed blastig ar ei ben ac yn cario gwn plastig yn ei law. Chlywyd dim byd ymhellach am ddanfon Arthur i Ogledd Iwerddon.

Byrhoedlog fu arhosiad y newyddiadurwr mawr. Gadawodd ymhen llai na dwy flynedd ac fe'i holynwyd gan un o ohebwyr y papur, Roy Hancock, a phenodwyd Peter Roberts yn ddirprwy. Ymhen saith mlynedd arall roedd Peter ei hun yn olygydd y papur.

Aeth Jonathan Holborow yn ôl i fyd Stryd y Fflyd â'i ben yn ei blu. Ymunodd â'r *Mail on Sunday* ac yna fe'i penodwyd yn is-olygydd *Today*, papur newydd dadleuol Eddie Shah. Yna dychwelodd at y *Daily Mail*, yn bennaf i gynorthwyo gyda'r *Mail on Sunday*, lle'i penodwyd wedyn yn olygydd. Yno fe'i diswyddwyd wedi i'r papur honni, yn gelwyddog, fod yr actores Brooke Shields wedi ei harestio am fod â chyffuriau yn ei meddiant. Bu'n rhaid i Holborow ymddiheuro'n bersonol, a'r ymddiheuriad hwnnw'n llenwi ymron hanner y dudalen flaen. Roedd y papur hefyd wedi cyhuddo, ar gam, aelod o Sinn Féin o gael perthynas garwriaethol ag aelod o fudiad heddwch o America. Honnwyd, eto ar gam, fod y Tywysog William yn defnyddio un o'i weinyddwyr i chwilio pac darpar gariadon William. Yna cystwywyd y papur am i un o'r gohebwyr dwyllo'i ffordd i mewn i gartref Germaine Greer. Roedd Holborow ar ei wyliau pan diswyddwyd ef fis Medi 1998 a'i ddisodli gan Peter Wright.

Arweiniodd fy nghyfeillgarwch â Peter Roberts at waith achlysurol gyda'r *Western Mail* – fi fyddai'n eilydd iddo pan fyddai i ffwrdd. Roedd hyn yn nyddiau Duncan Gardner fel golygydd. Y gorchwyl hwnnw a'm tynnodd i mewn i un o'r achosion cyffuriau mwyaf mewn hanes.

Roedd y gwaith achlysurol gyda'r *Western Mail* yn golygu y byddwn yn mynychu achosion llys ac ambell gwest a byddwn ar alwad hefyd pe torrai stori yn sydyn. Un noson cefais alwad gan yr heddlu yn fy hysbysu fod dau fyfyriwr ar goll yn y môr. Euthum ar fy union i'r prom ger Swyddfa'r Sir, lle'r oedd y gwasanaethau brys wedi ymgynnull. Roedd hi'n noson stormus, a'r ddau lanc wedi bod ymhlith criw o fyfyrwyr oedd yn chwarae mig â'r tonnau. Cafodd y ddau oedd ar goll eu hysgubo i ffwrdd gan y tonnau ac o'r prom medrwn weld eu cyrff yn cael eu taflu o gwmpas fel doliau rhacs. Caent eu hyrddio yn erbyn wal y prom cyn eu llusgo'n ôl i'r dwfn. Cymerodd dros awr i'w cyrff gael eu cipio o'r tonnau. Mae honno'n olygfa sy'n dal i ymweld â mi nawr ac yn y man. Weithiau, mewn hunllef, byddaf yn clywed, uwchlaw rhu'r storm, ergydion hyrddiadau'r cyrff wrth daro'r wal.

Mewn un cwest arbennig yr euthum iddo roedd y Crwner, Reg Edwards, yn dyfarnu ar farwolaeth gwraig a laddwyd o ganlyniad i wrthdrawiad rhwng Land Rover a char rhwng Aberystwyth a Machynlleth fis Ebrill 1975. Gyrrwr y Land Rover oedd Richard Kemp, cemegydd a drigai yn Nhregaron gyda'i gariad, Christine Bott. Roedd Kemp wedi bod mewn sawl damwain cyn hynny yn ei Land Rover coch tywyll. Yn wir, roedd wedi colli ei drwydded saith mis yn gynharach.

Yn y cwest, ychydig a wyddai Kemp fod ei enw wedi canu cloch ymhlith criw o heddlu oedd yn ymchwilio i'r farchnad LSD a ffynnai ledled Ewrop. Roedd Land Rover Kemp yn dal yng nghwrt Swyddfa'r Heddlu yn Aber gyda'r cefn yn llawn llechi ar gyfer atgyweirio to ei gartref, Penlleinau, ym Mlaen Caron, nid nepell o hen gartref Cassie Davies. Daeth un o arbenigwyr y garfan gyffuriau i Aber a dadlwythodd y llechi fesul un ac un. Yn eu plith canfu chwe darn bychan o bapur a oedd, o'u gosod at ei gilydd, yn ffurfio'r geiriau hydrazine hydrate, sef elfen annatod o'r cyffur LSD. Hwn oedd y cliw cadarn cyntaf i ymgyrch a gâi ei hadnabod fel 'Operation Julie'.

Aeth bron i ddwy flynedd heibio cyn i'r cyrch ddwyn ffrwyth. Yn y cyfamser roeddwn i wedi clywed hanesion rhyfedd, yn gynnar yn 1977, am arian mawr yn newid dwylo yn Nhregaron a Llanddewi Brefi. Yn y Talbot a'r Llew Coch yn Nhregaron ac yn y Foelallt a'r New Inn yn Llanddewi Brefi, gwelid sigârs yn cael eu tanio â phapurau pumpunt. Byddai henoed yn derbyn poteli o wisgi fel rhoddion Nadolig gan ddynion a oedd wedi dod i fyw i'r pentrefi yn gymharol ddiweddar. A chlywais gan ddyn o Dregaron i rywun gynnig £7,000 iddo am ofalu am ei fag am gyfnod penodol. Gwrthododd hwnnw gan y credai fod y dyn â chysylltiadau â'r IRA.

Yna, yn gynnar ar nos Sul, 27 Mawrth, derbyniais alwad

ffôn oddi wrth fy hen gyfaill Jim Price. Clywsai fod yr heddlu yn weithgar iawn yn ardal Tregaron. Euthum ati i wneud ymholiadau a chael fod yr heddlu wedi disgyn yn haid ar yr ardal. Daeth Jim i lawr ar ei union a bant â ni i Dregaron.

Mae'r gweddill, wrth gwrs, yn hanes. Cafwyd hyd i chwe miliwn tab o LSD, y nifer mwyaf erioed i'w gipio. Roedd yr LSD a gipiwyd yn werth £100 miliwn gydag £800,000 wedi eu cuddio mewn cyfrifon banc yn y Swistir. Arestiwyd cynifer â 120 o bobl ledled Prydain a Ffrainc gan garfan o 800 o blismyn. Roedd yr LSD a gynhyrchwyd yn Nhregaron ac ym Mhlas Llysin yng Ngharno yn ddigon i fodloni anghenion hanner defnyddwyr LSD y byd.

Wedi'r arestio, sylweddolodd y trigolion lleol fod dau a dau yn yr achos hwn yn gwneud pedwar a chicient eu hunain am beidio ag amau'r hyn oedd yn digwydd. Roedd dynion dieithr wedi bod yn tyrru i Dregaron ers dros flwyddyn gan gymryd arnynt fod yn wylwyr adar, y barcud coch yn arbennig. Yna dechreuodd stori fynd ar led mai criw o ddynion hoyw oedd y rhain, wedi dewis Tregaron fel man bach tawel i gyfarfod. Dyna pryd y penderfynwyd ychwanegu plismonesau at y criw, yn cynnwys y Ditectif Gwnstabl Julie Taylor, y ferch yr enwyd yr ymgyrch ar ei hôl.

Trodd hanes Operation Julie erbyn hyn yn chwedl. Bu bron iawn i'r holl ymgyrch fynd i'r gwellt wrth i blismon o Aberystwyth geisio ffonio plismon Llanddewi Brefi ar fater cymharol ddibwys. O ddeall fod hwnnw ar y ffordd i gartref un o'r prif ddynion yn y cynllwyn – ni wyddai'r plismon o Aber arwyddocâd y digwyddiad – fe ffoniodd e wraig y plismon lleol. Gan feddwl fod y mater yn un pwysig fe aeth honno draw ar ei hunion i gartref y dyn dan sylw i ofyn am ei gŵr. Doedd hwnnw ddim wedi cyrraedd, ond sylweddolodd y dyn ar unwaith fod rhywbeth mawr o'i le a chliriodd ei gartref o unrhyw dystiolaeth a allai fod yn ei erbyn, yn cynnwys stoc anferth o LSD. Dim ond o drwch blewyn y goroesodd yr ymgyrch.

Dro arall roedd yr heddlu cudd wedi gosod lein o Benlleinau ar draws y cwm er mwyn clustfeinio ar Kemp a Bott. Un dydd Sul dyma heddwas syfrdan yn clywed emynau Cymraeg yn dod dros y lein. Y rheswm am hyn oedd bod dafad wedi cnoi drwy'r lein a'i throi hi yn erial, a honno'n codi *Caniadaeth y Cysegr* oddi ar y gwasanaeth radio!

Pam defnyddio Llanddewi Brefi a Thregaron fel canolfannau ar gyfer y farchnad gyffuriau? Mae gen i syniad i'r cysylltiad gychwyn yn ôl tua 1967 pan symudodd gŵr rhyfedd iawn i'r fro. Ei enw oedd David Litvinoff a gymerodd ar rent fwthyn Cefn y Bedd ar gyrion Llanddewi Brefi. Roedd hwn yn gyfarwydd iawn â'r Rolling Stones, a deuent i lawr ato yn aml i dreulio penwythnos. Roedd Keith Richards i'w weld yn weddol aml yn yfed yn y tafarndai lleol. Pan saethwyd y ffilm *Performance*, gyda Mick Jagger yn y brif ran, Litvinoff oedd yr hyfforddwr deialog.

Tua'r un adeg deuai Eric Clapton i aros gerllaw ym Mhentre Richard a bu Jimi Hendrix yno fwy nag unwaith. A'r awgrym cryf yw i Bob Dylan dreulio un haf yno tuag adeg gŵyl fawr Ynys Wyth yn 1969. Ymwelais â Dave Litvinoff flwyddyn yn ddiweddarach ac roedd holl dapiau Bob o'r cyngerdd ganddo yn y tŷ. Ceir sawl cliw sy'n awgrymu i Bob fod yno. Roedd gan Litvinoff gi Labrador o'r enw Jack ac mae gan y 'Band', sef criw a fu'n cydweithio a chydrecordio llawer â Bob, gân o'r enw 'The Weight' sy'n sôn am *'walking Jack my dog'*. Yn ôl rhai o fois yr ardal byddai Bob, neu Jerry, fel y byddai'n galw'i hun, yn cerdded y ci yn ddyddiol i'r swyddfa bost. Pan welodd un o'r bechgyn lleol gopi o'r record *Nashville Skyline*, a ryddhawyd ym mis Ebrill 1969, a sylwi ar lun Bob Dylan, fe'i henwodd ar unwaith fel ei gyfaill, Jerry. A phan ddanfonodd y *Cambrian News* ohebydd i lawr at Dave Litvinoff i holi am ei gysylltiad â'r Stones, aeth Dave ati i edliw i'r papur golli stori'r ganrif gyda'r honiad fod 'Duw' wedi bod yn aros gydag ef.

Mae rhai o'r bechgyn lleol oedd yn eu harddegau cynnar yn y dyddiau hynny yn gwbl sicr i Bob, neu Jerry, fod yno gan ymuno â hwy gyda'r nos ar ei feic wrth iddynt sgwrsio ar Bont Gogoian. Cofia un ohonynt yn dda un noson ddechrau'r haf 1969 pan ofynnodd Dave, a deimlai'n isel iawn yn sgil marwolaeth un o'i ffrindiau agos, i Bob fynd adref gydag ef i sgwrsio. Cytunodd hwnnw a buont yn siarad hyd oriau mân y bore.

Teimlaf nad cyd-ddigwyddiad yw'r ffaith i Brian Jones o'r Stones (Cymro o ochr ei dad, Lewis Jones), foddi yn ei bwll nofio ei hun yn 27 mlwydd oed ar 6 Gorffennaf 1969. Ceir anghytuno o hyd ynglŷn ag achos ei farwolaeth. Dywed rhai iddo farw o effeithiau cyffuriau, hynny lai na mis wedi iddo gael ei daflu allan o'r band, tra dywed eraill iddo gael ei lofruddio. Yr hyn na wyddai'r awdurdodau yw i Jones sgwrsio ar y ffôn am awr gyfan â Dave ar noson ei farwolaeth. Yn wir, mae'n bosibl mai Dave Litvinoff oedd un o'r rhai olaf i siarad ag ef. Roedd tâp o'r sgwrs ym meddiant Litvinoff ac arno mynegai Jones ei dristwch am fod merch wedi ei adael, ac yn ystod y sgwrs hefyd bu trafodaeth rhwng y ddau am y math o gyffuriau roedd Jones wedi eu cymryd. Yn y cwest ni chyfeiriwyd at y tâp allweddol hwn o gwbl. Yn wir, ni wyddai'r awdurdodau am ei fodolaeth.

Ychydig dros flwyddyn yn ddiweddarach collodd Litvinoff ffrind agos arall, Jimi Hendrix. Y dyddiad oedd

18 Medi 1970 a dyma'r adeg pan gefais wahoddiad gan Dave i alw yng Nghefn y Bedd. Gallaf ddweud a'm llaw ar fy nghalon iddo ddangos i mi wahoddiad i angladd Hendrix. Wedi ei lynu ar ganol y cerdyn roedd swîtsen ac ynddi, yn ôl Dave, un dos o LSD.

Roedd Dave yn un o'r hipis cyntaf i ddod i'r ardal a dechreuodd yr heddlu, am ryw reswm, ei wylio. Pan ddeallodd hynny, cododd ei bac a diflannu dros nos. Ychydig flynyddoedd wedyn fe gymerodd ei fywyd ei hun yn Llundain. Byw ar ymylon bywyd a wnaeth. Roedd yn adnabod y Brodyr Kray yn dda ac roedd ef a'i hanner brawd, Emmanuel Litvinoff, yn gyfeillion â Tony Lambrianou, gyrrwr personol y Krays. Pan glywyd fod Dave wedi lladd ei hun, ymateb un o'i ffrindiau oedd, 'Petai e heb wneud hynny, byddai rhywun wedi ei lofruddio.'

Byth er i mi gyfarfod â Litvinoff yn 1970 euthum ati i geisio canfod mwy amdano. Yn yr is-fyd cyffuriau a gangsters yn Llundain, mae ei enw yn dal yn chwedl. Fe'i dewiswyd i fod yn hyfforddwr deialog ar gyfer y ffilm *Performance* yn 1968, nid oherwydd ei brofiad sinematig, ond oherwydd ei wybodaeth o fyd y gangiau yn yr East End yn Llundain. Un o gymeriadau canolog y ffilm yw Harry Flowers, a seiliwyd ar gymeriad Ronnie Kray. Gan fod Litvinoff yn rhan o fyd y Krays a'u tebyg roedd yn berffaith ar gyfer y gwaith. Ond fe wnaeth rywbeth i groesi Ronnie – twyllo mewn dêl cyffuriau efallai, neu fynd i ddyled gamblo. Posibilrwydd cryf arall yw cynnen dros fechgyn ifanc. Roedd Litvinoff – a Ronnie Kray – yn hoywon, a hynny mewn cyfnod pan oedd hoywon yn dechrau 'dod allan'. Beth bynnag oedd y rheswm, fe wnaeth Ronnie ddial, a dial yn giaidd yn ôl ei arfer. Fe ddaliwyd Litvinoff a'i hongian â'i ben i waered o nenfwd fflat yn Llundain. Yna fe wthiodd Ronnie Kray gleddyf i'w geg a'i agor o glust i glust. Yn ôl Dave, y peth cyntaf a allai gofio wedi iddo ddod ato'i hun oedd clywed criw o brotestwyr gwrth-niwclear yn gorymdeithio heibio yn canu 'Corrina, Corrina'.

Erbyn hyn mae mwy a mwy wedi cysylltu â mi gyda gwybodaeth amdano. Roedd yn gyfaill mawr i Arglwydd Caerfaddon, a oedd â busnesau ffasiwn yn Llundain. Bu John Lennon a Yoko Ono yn ymweld ag ef yn Llanddewi Brefi gan dreulio'r noson honno yng Ngwesty Llys Teg ym Mhontrhydfendigaid. A byddai'r ffotograffydd David Bailey, a oedd hefyd yn gweithio ar *Performance*, yn galw i'w weld.

Gall un a oedd yn gymydog iddo gofio Dave, a'r un a alwai'i hun yn Jerry, yn nofio mewn pwll yn afon Teifi pan wnaethon nhw wahodd rhyw ecsentrig lleol i ymuno â hwynt. Fe gytunodd hwnnw gan ddiosg ei ddillad i lawr at ei drôns. Yna fe dynnodd ei drôns a'i droi tu ôl tu blaen a neidio i mewn gyda sgrech annaearol, er mawr hwyl i'r ddau yn y pwll.

Pam wnaeth e adael Llanddewi Brefi mor sydyn? Yr awgrym, fel y nodwyd, oedd bod yr heddlu ar ei warthaf. Ond tybed ai rhywrai mwy sinistr na'r Glas oedd ar ei ôl? Mae un peth yn sicr, roedd e'n amharod iawn i gael tynnu ei lun. Tynnwyd y llun a geir yn y gyfrol hon o bellter gyda lens teleffoto gan Ray Daniel.

Does dim dadl o gwbl nad oedd Dave yn ffrindiau â Bob Dylan. Ar ei beiriant recordio sgyrsiau ffôn aeth ati i chwarae i mi leisiau Bob ac yntau'n sgwrsio â'i gilydd. Roedd ganddo gysylltiad hefyd â rhyw gymeriad o Gymro o Lundain a oedd yn dramp ond wedi llwyddo i ddod yn un o'r garfan ffasiynol. Roedd hwnnw wedi gwneud enw iddo'i hun drwy gachu'n gyhoeddus yng nghanol rhyw arddangosfa gelf uchel-ael yn Llundain, gan ddod yn arwr yr isfyd. Ei enw oedd John Ivor Golding, a bûm yn gwrando ar hwnnw ar y ffôn o Gefn y Bedd.

Un sy'n gyfarwydd â'r stori am Bob a Llanddewi Brefi yw Meic Stevens. Yn wir, mae ganddo gân am ddyn o Landdewi Brefi na wyddai neb pwy ydoedd. Roedd yn gwisgo het a sbectol ddu fel gwdihŵ, disgrifiad perffaith o Bob yn y cyfnod. Felly, ymhell cyn bod sôn am *Little Britain* ac am 'Dafydd, yr unig ddyn hoyw yn y pentref', roedd sêr y byd yn gwybod am Llanddewi Brefi.

I mi mae cyfnod David Litvinoff yn Llanddewi Brefi a lleoliad y labordy LSD yn Nhregaron a'r ffaith fod dau o'r prif ddynion yn y fenter anghyfreithlon wedi dod i fyw i Landdewi Brefi yn fwy na chyd-ddigwyddiad. Er mai yn 1977 y cynhaliwyd y cyrch, roedd y busnes wedi bodoli ers rhai blynyddoedd cyn hynny. Gŵyr pawb am gysylltiad y Stones â chyffuriau yn ystod y cyfnod hwnnw, yn enwedig Keith Richards. Fel y dywedodd rhywun am Keith, sydd wedi profi pob cyffur sy'n bod, ac ambell un nad yw'n bod, synnwn i fawr, 'Gall Keith lyncu hoelion a phiso rhwd!'

Swyn y Sain

Petai hi'n dod yn ddewis rhwng gweithio ar radio neu deledu, byddai'r dewis yn un hawdd. Rhowch y radio i mi bob tro. A phan ddaw hi'n ddewis rhwng gwylio neu wrando, y glust gaiff y flaenoriaeth gen i.

Hwyrach mai dylanwadau plentyndod sy'n gyfrifol mai radio yw'r cariad cyntaf. Fel pawb o'm cenhedlaeth i, cefais fy magu ar aelwyd ddi-deledu. Roeddwn yn fy arddegau canol cyn i'r bocs sgwâr gyrraedd cornel y stafell ffrynt, a chyn i'r anghenfil aliwminiwm dwbwl-H enfawr ei lordio hi dros un o'r cyrn simdde. A chredwch fi, roedd angen erial anferth 'nôl ynghanol y pumdegau i godi unrhyw fath o wasanaeth o'r Wenfô.

Bu'r hen radio Cossor yn ffrind mawr i mi o ddyddiau'r ysgol fach, a chyn hynny. Atgofion digon arswydus sydd gen i o'r blynyddoedd cynnar, serch hynny. Llais 'Lord Haw Haw' – William Joyce – yw un o'r lleisiau cyntaf y medraf ddweud i mi ei gofio. Âi iasau i lawr fy nghefn wrth iddo wawdio a bygwth. Petai llais yn rhywbeth gweledol, byddai llais William Joyce yn crechwenu. Daeth â'r Rhyfel yn agos iawn atom un bore gan honni bod rhywun o'r Borth, ger Aberystwyth, wedi gorfod lladd y gath a'i bwyta oherwydd prinder bwyd.

Pan fyddai Nhad yn y tŷ, ni chollai fyth fwletin newyddion. Ac wrth iddo ef wrando, châi neb godi ei lais yn uwch na llais John Snagge, neu bwy bynnag fyddai'n cyhoeddi'r newyddion ar y pryd. Yn ystod blynyddoedd olaf y Rhyfel, roedd *War Reports* John Snagge mor sanctaidd i Nhad ag oedd llechi'r Deg Gorchymyn i Moses. Os llais William Joyce oedd llais y bwystfil, yna llais John Snagge oedd llais gwareiddiad.

Mae gen i gof da o'r ychydig raglenni Cymraeg yn y pedwar- a'r pumdegau. *Noson Lawen* o Fangor, gan edrych ymlaen bob wythnos at glywed llais melfedaidd Peggy Edwards. Ychydig a feddyliwn ar y pryd y deuwn i adnabod Peggy'n dda ac y byddwn, ymhen blynyddoedd, yn ysgrifennu portread ohoni ar gyfer *Y Cymro*. Byddwn yn ffoli ar Richard Hughes, y Co Bach, a'i hen fodan, er na ddeallwn brin air o'i dafodiaith Cofi. A Charles Williams, cawr o ddarlledwr a digrifwr, gyda'i lais unigryw. *Awr y Plant* oedd y ffefryn, am bump o'r gloch bob nos Fawrth, os cofiaf yn iawn, a Gari Tryfan, Alec ac Elen yn achub y byd yn wythnosol. A'r *March Coch* wedyn, drama gyfres R. Bryn Williams. Byddai'n ddadl, ac weithiau'n ymryson, ar iard yr ysgol er mwyn penderfynu pwy gâi fod yn Alvaro, dihiryn y gyfres. Bygythiad parhaus y dyn drwg hwnnw oedd 'plwm yn y coes'. Os cofiaf yn iawn, yr actor a chwaraeai ran Alvaro oedd Ieuan Rhys Williams, oedd yn ddihiryn radio perffaith. Flynyddoedd wedyn cefais gyfle i ysgrifennu portread ohono yntau yn *Y Cymro*, a Ieuan erbyn hynny wedi anfarwoli ei hunan yn *Fo a Fe* gyda'i 'Wir i ddyn i ti, Twm Twm!'

Rhaglenni Saesneg fyddai'n cael eu gwrando fwyaf ar yr aelwyd, wrth gwrs, am mai prin iawn fyddai rhaglenni Cymraeg. Prin y collwn un bennod o *Dick Barton, Special Agent*. Byddai fy chwiorydd yn troi at *Music while you Work* a *Workers' Playtime* amser cinio. A gyda'r nos, Wilfred Pickles a'i 'Give him the money, Barney' ar y rhaglen *Have a Go* oedd y ffefryn. Anodd credu hynny erbyn hyn, ond Wilfred oedd y cyntaf erioed ar y BBC i gael defnyddio tafodiaith ei ardal ei hun, sef Halifax yng ngogledd Swydd Efrog.

Ffefryn arall, ym mlynyddoedd olaf y Rhyfel, oedd Tommy Handley gyda'i raglen *ITMA*, sef acronym am *It's That Man Again*. Ted Ray wedyn, clamp o gomedïwr gyda'i fyrdd gymeriadau a'u dywediadau, *'It's that ginger tom from next door'*, a *'If you haven't been to Manchester, you haven't lived.'* A'r ddwy fenyw hynny wedyn, *'Oh, it was agony, Ivy.'* *'What happened, Mrs Hardcastle?'*

Un o'm hoff raglenni oedd *Welsh Rarebit*, a oedd yn agor ac yn cloi gyda'r gân 'We'll Keep a Welcome'. Ar y pryd roedd hi'n gân yr oeddwn yn ffoli arni. Yn wir, roedd hi'n ail anthem genedlaethol. Cyfansoddwyd y geiriau gan James Harper a Lyn Joshua ac fe'i cenid i ddechrau gan y Lyrian Singers cyn i Harry Secombe ei mabwysiadu. Yn anffodus tyfodd arwyddocâd gwahanol iddi erbyn heddiw. Mai Jones oedd y gyfansoddwraig, a hi oedd yn gyfrifol am y rhaglen, gan roi sylw i Gymry a oedd yn y lluoedd arfog. Yn ei hanterth denai 12 miliwn o wrandawyr. Dyma'r sioe a roddodd lwyfan ehangach i Gladys Morgan, Maudie Edwards a Stan Stennett. A rhaid cyfeirio at Eynon Evans, a greodd y cymeriad, Tommy Trouble, ar gyfer y sioe.

Wedi i'r Rhyfel ddod i ben, parhaodd poblogrwydd y sioe gan ddenu cynulleidfa o 51 y cant. Dylid nodi yma i Mai Jones roi gwrandawiad i'r Shirley Bassey ifanc, a'i gwrthod. Diolch, Mai!

Ond y nosweithiau mawr o ran y radio oedd nosweithiau gornestau bocsio. Bryd hynny, dim ond Nhad a minnau gâi fod ar gyfyl y gegin gefn – doedd bocsio ddim yn rhywbeth i fenywod. A doedd wiw i neb ddod ar gyfyl y lle os oedd Eddie Thomas neu Dai Dower wrthi. Ddyddiau cyn ffeit bwysig byddai Nhad yn gofalu bod y batri sych yn ddigon cryf a bod batri gwlyb wedi'i adnewyddu yn Garej Dic Jones wrth law, rhag ofn. Cofiaf yr hen fatris yn dda, y batri sych fel slab o gacen sgwâr.

Unwaith y deuai oes y batri i ben, fe'i cawn i chwarae. Fe dynnwn y gorchudd cardbord a rhacso'r bitwmen a orchuddiai ei wyneb er mwyn mynd at y gwahanol elfennau y tu mewn. Yn eu plith byddai tua dwsin o rodenni carbon ac arnynt gapiau metel. Ond ni feiddiwn gyffwrdd â'r batri gwlyb gan fod asid yn hwnnw. Golygai hynny y byddai'r cysylltiad rhwng y ddwy weiren a therfynellau'r batri yn cyrydu, gan effeithio ar y sain. Byddai Nhad wedyn yn gorfod datgysylltu'r weiers a chrafu'r terfynellau â rasel neu gyllell. Gofalai wneud hynny cyn pob ffeit o bwys fel bod yr hen set yn swnio'n glir fel cloch.

Arwr mawr Nhad oedd Joe Louis, ac er nad oeddwn i wedi fy ngeni adeg y ffeit fawr rhyngddo ef a Tommy Farr, doedd dim troi'n ôl ar Nhad i Louis ennill yn haeddiannol. O gofio'n ôl, dim ond dau lyfr gefais i gan Nhad erioed: *Llygad y Drws*, sef sonedau T. E. Nicholas, a *How to Box* gan Joe Louis. Joe a Niclas, dau ymladdwr na wyddent ystyr colli. Yn wir, gwnes ddefnydd o'r llawlyfr bocsio gan ymuno â'r Clwb Bocsio tra oeddwn yn y coleg. Talodd yr ymarferion hynny ar eu canfed i mi unwaith yn y Clwb Chwaraeon yn Aber ddechrau'r saithdegau. Roedd Arthur Williams a minnau yn pwyso ar y cownter pan ddaeth llanc cydnerth draw. Heb unrhyw rybudd, trawodd Arthur nes i hwnnw ddisgyn ar wastad ei gefn. Gorweddai yno heb fedru yngan gair gan fod ei ên wedi cloi. Gofynnais i'r llanc, a oedd yn fownsiwr yn Neuadd y Brenin, pam yr oedd wedi taro Arthur. Ei ymateb oedd fy mygwth i. Heb wastraffu eiliad i feddwl, teflais ergyd. Er bod y llabwst droedfedd yn dalach na mi, trawais ef yn berffaith dan stapal ei ên a disgynnodd fel sachaid o datws. Petawn i wedi methu, ni fyddwn yma nawr yn ysgrifennu hyn o eiriau. O'r noson honno, bu'r llabwst yn ffeind iawn wrtha i.

Gymaint oedd fy nghariad at y radio fel i Mam, pan oeddwn i yn y chweched dosbarth yn Nhregaron, brynu set radio gludadwy i mi. Os cofiaf yn iawn, Ferguson oedd hi, un blastig coch tywyll gyda deial crwn ag ymyl aur. Ar honno, wedi i mi gwblhau fy arholiadau Lefel A, yn ymyl y cwrt tennis yn yr ysgol y clywais yr Everly Brothers am y tro cyntaf yn canu 'All I have to do is Dream', a minnau ar y pryd mewn cariad dros fy mhen a'm clustiau ag un o ferched y Pumed. Bu'r hen set honno gyda mi am dros ugain mlynedd, lawer yn hwy nag y bu'r ferch o'r Pumed. Roedd angen mwy na batri i gynnal honno!

Mae'r byd pop wedi chwarae rhan bwysig iawn yn fy mywyd ac yn wir, mae'n dal i wneud. Mae gen i rai cannoedd o recordiau feinil o hyd. Fe'u disgrifiais unwaith fel cerrig milltir blynyddoedd fy llencyndod. Does gen i mo'r galon i'w gwaredu. Mae atgofion ynghlwm wrth bob un. Mae 'Why do Fools Fall in Love' (Teenagers a Frankie Lymon) yn fy atgoffa o ganlyniadau Lefel O. 'Diana' (Paul Anka) yn fy atgoffa o'm cariad go iawn cyntaf tra bod 'Don't' (Elvis) yn fy atgoffa o'i cholli. Mae 'Carolina Moon' (Connie Francis) ynghlwm am byth wrth fy ymadawiad i'r coleg tra bod 'Only the Lonely' (Roy Orbison) yn golygu dychwelyd i'r coleg – nid yn fyfyriwr bellach, ond fel cynorthwywr llyfrgell ar ôl dwy flynedd o ofera. Flynyddoedd yn ddiweddarach, llwyddais i weld Roy Orbison mewn cyngerdd yng Nghaerdydd, profiad nad anghofiaf byth!

Bob nos Sul ar ddechrau'r pumdegau, rhwng 11.00 a hanner nos, a phawb arall yn y gwely, byddwn yn troi bys yr hen Cossor yn y stafell ffrynt at 208 ar y donfedd ganol er mwyn clywed yr ugain uchaf. Cadwn y sain yn isel rhag deffro neb a gwthiwn fy nghlust chwith yn erbyn y seinydd. Rhwng y caneuon byddwn yn gorfod gwrando yn ddiamynedd yr hysbysebion di-rif, fel Horace Batchelor a'r un am oriawr wyrthiol H Samuel Everite.

Un noson, bu'r Cossor yn gyfrwng i newid fy holl agwedd at fywyd. Arni y clywais lais nas clywswn ei debyg erioed o'r blaen. O'r eiliad gyntaf, fe'm caethiwodd a'm rhyddhau ar yr un pryd. Y dyddiad oedd nos Sul, 13 Mai 1956, ar raglen a chwaraeai recordiau uchaf siartiau America. Ar y brig roedd 'Heartbreak Hotel' yn cael ei chanu gan fachgen ifanc o Memphis. O'r eiliad gyntaf, gwyddwn na fyddai canu pop fyth yr un fath wedyn. Dydw i ddim yn meddwl i mi gysgu eiliad y noson honno. Yn yr ysgol y diwrnod wedyn, Elvis oedd dechrau a diwedd pob sgwrs ac rwy'n dal yn un o addolwyr ffyddlonaf y 'Brenin'.

Tua'r adeg hon y cyrhaeddodd ein set deledu gyntaf, yn wir, y set deledu gyntaf yn y fro. Set deledu? Roedd hi mor fawr, ymddangosai fel wardrob â ffenest yn ei chanol. Cofiaf y wefr o weld y cerdyn prawf ar y sgrin am y tro cyntaf. Wel, rhyw rith o weld. Roedd gwylio'r rhaglenni fel syllu allan drwy'r ffenest ar storm o eira. Eto byddwn wrth fy modd yn cael gweld – neu ddychmygu gweld – y rhaglenni a wrandawn arnynt gynt ar y radio, sioeau gan Perry Como a Johnny Mathis. Ac ar ambell brynhawn dydd Sadwrn, pan fyddai gêm bêl-droed neu rygbi ar y bocs, byddai ein stafell ffrynt ni'n orlawn.

Buan y bu i apêl y ddyfais newydd fwrw'i phlwc ac yn ôl yr euthum at atyniad y radio. Golygai'r set gludadwy oedd gen i y medrwn yn awr wrando ym mhreifatrwydd fy stafell wely.

Cofiaf ar ddechrau'r pumdegau i BBC Cymru drefnu ymweliadau â gwahanol ardaloedd gyda rhaglenni fel *Shwt ma'i Heno?* a *Raligamps*. Sêr y fath sioeau oedd Ifor Rees a Dafydd Evans ac, yn arbennig, Alun Williams. Cefais gyfle i fod yng nghynulleidfa un o'r rhaglenni hyn yn Llanddewi Brefi, a'r neuadd dan ei sang. Alun Williams i mi yw un o'r darlledwyr Cymraeg mwyaf i fod ar y radio erioed. Camddefnyddiwyd y gair 'proffesiynol' yn llawer rhy aml ond yn achos Alun, doedd dim gair arall i'w ddisgrifio. Dyma'r darlledwr cyflawn. Roedd ganddo bopeth – llais da, hiwmor parod, cynhesrwydd, gallu cerddorol (roedd yn bianydd gwych) a dawn dweud ddihafal. Cawn y teimlad, bob tro y'i clywn ar y radio, ei fod yno gyda mi ar yr aelwyd. Yr agosaf ato heddiw yw Dai Jones, sy'n berchen yr un naturioldeb a'r un agosatrwydd ag Alun. Clywais hanesyn am Alun a gynyddodd fy edmygedd ohono. Yn ôl un a fu'n ysgrifenyddes iddo, ni fethodd erioed ag ateb llythyr oddi wrth wrandawr.

Ugain mlynedd a mwy wedi'r sioeau teithiol hyn cefais y cyfle i fynd ar y ffordd fy hun, diolch i Radio Cymru, fel aelod o banel sioeau fel *Hela Sgwarnog* a *Dros Ben Llestri*. Bu cynhyrchwyr megis Gwenan Gallagher, a Ceri Wyn Richards ar ei hôl hi, yn garedig iawn. Y gwahaniaeth mawr rhwng y ddau gyfnod oedd y gefnogaeth leol. Yn nyddiau cynnar *Raligamps* a *Shwt ma'i Heno?* byddai'r neuaddau a'r festrïoedd yn orlawn. Doedd hynny ddim yn wir bob tro gyda *Hela Sgwarnog* a *Dros Ben Llestri*.

Yr enghraifft orau – neu'n hytrach y waethaf – oedd y noson honno mewn clwb ym Mhontypridd ac, os cofiaf yn iawn, y Clwb Anwleidyddol oedd e. Cofiaf fod ar y panel gyda Dic Jones a Peter Hughes Griffiths, a Huw Llywelyn Davies, yn ôl ei arfer, yn y gadair. Doedd y person a drefnodd y noson ddim yn medru bod yno ond yn anffodus methodd unrhyw un arall â bod yn bresennol hefyd. Yr unig un oedd yno i wrando arnom oedd y gofalwr, a doedd hwnnw ddim yn medru deall, heb sôn am siarad, Cymraeg. Fe recordiwyd y sioe gyda'r panelwyr yn clapio mewn ymateb i bob aelod o'u cyd-banelwyr yn ei dro. Wrth gwrs, ar y radio'r wythnos wedyn swniai'r rhaglen fel petai llond y clwb o wrandawyr.

Ddiwedd y chwedegau cefais waith cymharol reolaidd ar y radio, a hynny ar *Byd y Bêl,* toc wedi hanner dydd bob Sadwrn. Y gŵr a roddodd y cyfle i mi oedd Tomos Davies – oedd yn berffeithydd. Slot o dair munud gawn i, a hynny'n fyw, o bigion y wasg. Ac i Tomos, golygai tair munud hynny'n union. Petawn i fwy na phum eiliad drosodd, cawn wybod hynny. Ond cymwynas fwyaf Tomos â mi oedd y ffordd y mynnai gael Cymraeg cywir. Clywais fwy nag un cyflwynydd, fi fy hunan yn eu plith, yn derbyn cerydd oherwydd llithriad ieithyddol wedi i'r rhaglen ddod i ben.

Heddiw, yn anffodus, does fawr o arwyddion fod unrhyw gynhyrchydd yn cywiro cyflwynwyr. Gwn hyn o brofiad. Pan lwyddodd fy mab, Dylan, i gael gwaith gyda'r BBC byddwn yn gwrando ar bob bwletin a gyflwynai. Petai e'n gwneud unrhyw gamgymeriad, ac fe wnâi yn aml ar y dechrau, byddwn ar y ffôn mewn chwinciad yn ei gywiro. Nid fy lle i oedd gwneud, ond yn absenoldeb plismona iaith gan unrhyw un arall, teimlwn reidrwydd i wneud hynny.

Mae'n rhyfedd fel y mae gyrfa Dylan wedi dilyn yr un patrwm â'm gyrfa innau, a hynny'n gwbl anfwriadol. Fel minnau, byddai'n darllen papurau newydd o glawr i glawr pan nad oedd yn ddim o beth. Pan ofynnwyd iddo yn yr ysgol fach unwaith beth yr hoffai fod, atebodd yr hoffai fod yn newyddiadurwr. Pan ofynnwyd iddo pam, ei ateb oedd,

'Dyna be mae Dad yn ei wneud, ac mae e'n cael gorwedd ar y soffa drwy'r dydd.'

Fel finne, gadawodd y coleg yn gynnar, ar ddiwedd ei flwyddyn gyntaf. Mentrodd i fyd y cyfryngau fel rhedwr.

Bu'n ffodus i gael gwaith achlysurol ar gyfres deledu *Pam Fi, Duw?* gan gwmni Lluniau Lliw cyn cynnig am waith radio yn Adran Chwaraeon Radio Cymru. Ar gyfer y cyfweliad roedd gofyn iddo sgriptio a recordio sylwebaeth ar dâp ar unrhyw gamp. Fe wnaeth hynny, ac er na chafodd y swydd dan sylw bu Arthur Emyr, pennaeth yr adran ar y pryd, yn ddigon caredig i roi tri mis o waith iddo. Trodd y tri mis yn chwe mis ac yna'n flwyddyn. Wyth mlynedd yn ddiweddarach mae e'n dal yno, ac erbyn hyn yn aelod o'r staff. Yn hynny o beth, fe lwyddodd lle methodd ei dad.

Rwy'n ymhyfrydu yn ei lwyddiant. Mae'r mwynhad a gaiff yn ei waith yn cael ei adlewyrchu yn ei lais ac yn ei wên. Dywed Dewi Pws mai Dylan yw'r unig ddarlledwr y gallwch ei weld yn gwenu ar y radio!

Diddorol nodi hefyd sut y newidiodd y pwyslais teuluol. Am flynyddoedd, cyferchid Dylan fel 'mab Lyn Ebenezer'. Erbyn hyn fe gaf i fy nghyfarch fel 'tad Dylan Ebenezer'!

Parhaodd fy ngwaith i ar *Byd y Bêl* drwy gyfnod Tomos Davies ac ymlaen drwy gyfnod y cynhyrchydd a'i holynodd, Emyr Wyn Williams. Roedd y gwaith ychwanegol hwn yn help mawr i rywun fel fi. Fedrwn i ddim byw ar gyflog *Y Cymro*. Cofiwch, fy mai i oedd hynny; roedd y gohebwyr eraill i'w gweld yn llwyddo i fyw yn iawn ar yr union gyflogau. Ond ofnaf fy mod i yn un sydd wedi mwynhau byw bywyd i'r eithaf erioed, ac nid peth rhad yw mwynhau bywyd i'r graddau hynny.

Yna daeth noddwr arall, Gwilym Owen. Gan Gwilym y cefais gyfle i adolygu'r papurau yn y boreau. Byddwn yn adolygu am bum bore a hynny bob tua chwe wythnos i ddau fis. Golygai godi am 5.30 yn y bore, ac er fy mod i wedi bod yn aderyn hwyr erioed, gwnawn eithriad bob tro y byddwn yn gwneud shifft i Gwilym. Byddwn yn barod i hepgor sesiwn yn y dafarn am bum noson. O! y fath aberth! Gobeithio fod Gwilym yn sylweddoli'r aberth hwnnw. Ond dyna fe, fe'i teimlwn hi'n fraint cael gweithio i'r fath ddyn. Mae gen i edmygedd mawr ohono. Byddaf wrth fy modd o hyd yn gwrando ar yr adolygiadau boreol ar *Y Post Cyntaf*. Dim ond un peth sy'n fy ngwylltio – clywed adolygwyr yn darllen talpiau o adroddiadau o'r papurau yn Saesneg. Diogi yw hyn. Os nad oes esgus da fel clyfrwch geiriol, er enghraifft, yn mynnu hynny, yna dylid dyfynnu popeth drwy'r Gymraeg. Peth arall sy'n rhoi pleser i mi yw gwrando ar giperiaid sydd wedi troi'n botsieriaid yn cael cyfle i drafod cynnwys y papurau. Dyna i chi John Walter Jones, fflangellwr pob holwr pan oedd yn gweithio i'r Swyddfa Gymreig ac yna i'r Bwrdd Iaith. Ond ef, i mi, yw un o'r goreuon am adolygu'r papurau. Dylwn hefyd dalu teyrnged i Catrin Beard: mae hithau i fyny gyda'r goreuon. A Rhys Owen, dyma adolygwr arbennig iawn; ef, i mi, yw un o'r goreuon erioed i gyflwyno *Wythnos i'w Chofio*.

I'm meddwl i, mae Radio Cymru fel yr wy curad diarhebol hwnnw – mae'n dda mewn mannau. Yn wir, mae'n dda mewn rhai mannau hollbwysig. Dywedir am bob tîm pêl-droed llwyddiannus fod ganddo asgwrn cefn da, hynny yw, golwr, amddiffynnwr canol ac ymosodwr canol da. I mi, asgwrn cefn Radio Cymru yw'r Pyst – *Y Post Cynnar*, *Taro'r Post* a'r *Post Prynhawn*. Yn y tri slot mae gan Radio Cymru dri angor arbennig o dda.

Ni fyddaf byth siawns yn colli'r *Post Cyntaf*. Caffaeliad mawr fu penodi Iolo ap Dafydd yn brif angor. Dyma enghraifft dda o'r hyn y dylai cyflwynydd newyddion da ei gyflawni – rhoi i ni'r ffeithiau yn gwbl ddiwastraff, heb na gorbwysleisio na gwamalu. Mae'r un peth yn wir am Dylan Jones a Gareth Glyn. Cyn belled ag y mae newyddion yn y cwestiwn, ofnaf fy mod i'n hen snob. I mi does dim lle i ysgafnder os nad yw'r eitem ei hun yn un ysgafn. A does dim lle i dafodiaith. Glywsoch chi Fiona Bruce erioed yn dweud *'innit?'* Glywsoch chi Trevor MacDonald erioed yn dweud, *'ain't that a fact!'*? Eto i gyd, ar *Y Post Cyntaf* cawn enghreifftiau di-rif o 'ontefe?'. A pham, O! pam, mae'n rhaid dweud 'shir' am 'sir'? Shdim shynnwyr yn y fath shgwrsio. Mae tafodiaith ynddi ei hun mor bwysig â'r iaith. Mewn rhaglenni ysgafn, neu ymhlith pobl sy'n cael eu holi ar wahanol raglenni – oes, mae yna le pwysig i dafodiaith. Ond ddim mewn bwletinau newyddion. I mi, mae rhaglenni newyddion yn sanctaidd. Meddyliwch, mewn difrif, petai cyflwynwyr newyddion Sesinig yn cynnwys geiriau ac ymadroddion sy'n cyfateb i 'gig idon', 'dinon' a 'sgotwyr' ar fwletinau newyddion! Byddai'r puryddion Saesneg yn gacwn.

Mae'n hawdd i bobl gymysgu rhwng tafodiaith ag acen. Cymerwch Michael Parkinson: acen Swydd Efrog, nid tafodiaith Swydd Efrog sydd gan Parkinson. Mae acen ogleddol gan Gareth Glyn, ond nid yw'n cyflwyno mewn tafodiaith ogleddol.

Diolch hefyd am Gymraeg graenus Dei Tomos a Gerallt Pennant. Ond mae'n rhyfeddod bod gofyn diolch i bobl am eu Cymraeg da; fyddai neb yn sôn am gyflwynydd Saesneg sy'n berchen ar Saesneg da. Yn Saesneg mae gafael da ar iaith yn rhag-amod cyn cael swydd fel cyflwynydd radio, ac mae'n rhan naturiol o'r gwaith. Yn Gymraeg, ofnaf i ni golli'r frwydr. Mae byd o wahaniaeth rhwng tafodiaith a bratiaith, ond prin yw'r rhai sy'n deall hynny.

Tueddir i wfftio plismyn iaith. Ond mae eu gwir angen. Byddai dau neu dri Tomos Davies ar staff Radio Cymru heddiw yn medru creu gwyrthiau. Y teimlad a gaf yw nad oes neb bellach, nac ar Radio Cymru nac ar S4C, yn trafferthu cywiro cyflwynwyr. Mae'r erthyl 'amdan' bellach yn rhan o ieithwedd cyflwynwyr profiadol. Mae tîm pêl-droed Caerdydd 'dal' yn 'crap' wedyn. Chelsea 'dal' yn 'ddiguro' yn hytrach na heb golli (O! nac ydyn, glei!) tra bod gêm derfynol Cwpan yr FA yn cael ei chynnal yng Nghaerdydd. FA pa wlad? Mae yna bedair Cymdeithas Bêl-droed genedlaethol yng ngwledydd Prydain yn unig.

Brychau, meddech chi? Hollti blew? Nage. Mae angen canllawiau cadarn, neu ynteu bratiaith fydd y Gymraeg ac nid iaith. Defnyddir geiriau Saesneg diangen ar fwletinau newyddion. 'Sialens' yw 'her' bellach. 'Rhoddir' teyrnged yn hytrach na'i 'thalu'. 'Cael damwain' wna pobl yn hytrach na 'dioddef' un. *Cael* damwain? 'Hoffech chi gael damwain, syr?' 'Hoffwn, diolch yn fawr iawn.' Mae angen 'sortio allan' y gwendidau hyn. Sortio allan! Pach! Beth sydd o'i le ar 'datrys'? A phwy yn y byd yw Tony Blê? Blê mae e? Yng Nghaer Efrog/York, hwyrach. Yn rhyfedd iawn, pan fo yn Efrog Newydd dydi e byth yn New York. Pam, tybed? Pam mae angen cyfieithu Caer Efrog tra bo Efrog Newydd yn iawn ar ei ben ei hun?

A beth am gyfieithu gwael? Mae clywed am 'reolwr-gyfarwyddwr' fel tân ar fy nghroen. Y cyfieithiad cywir o *'managing director'* yw 'cyfarwyddwr rheoli'. Rwyf wedi pregethu hyn nes bod fy ngwyneb yn biws. Ond does neb yn gwrando. Cawn 'ysbeidiau' o law wedyn. Ni chawn gawodydd bellach. Aiff y brif wobr i gyflwynydd a glywais unwaith yn mynnu bod Ariel Sharon 'yn dal yn ddiffuant'. Bwriad y cyflwynydd oedd dweud bod Sharon 'yn dal yn herfeiddiol'. Ond na, i hwn roedd *'defiant'* yn cyfieithu yn 'diffuant'. (O leiaf, ni ddywedodd fod Ariel Sharon 'dal' yn ddiffuant.) Mae'n fy atgoffa o'r clasur mwyaf a glywais erioed o ran cyfieithu. Hen gyfaill i mi yn cwyno am yr oerfel,

'Myn uffarn, mae hi'n oer,' meddai. 'Rwy bron iawn ag ymffrostio.' Roedd gan hwnnw esgus. Dysgwr oedd e.

A rhaid i mi ganu fy nhiwn gron unwaith eto. Dylai unrhyw un sy'n defnyddio'r gair 'bendigedig' y tu allan i ystyr crefyddol gael ei grogi â'i linyn trôns neu ei llinyn nicyrs ei hunan. Mae'r camddefnydd o'r gair yn bla. Mae pryd o fwyd yn 'fendigedig'. Mae gôl gan John Hartson yn 'fendigedig'. Mae cais gan Gavin Henson yn 'fendigedig'. Mae bronnau Charlotte Church yn 'fendigedig'. (Wedi meddwl, hwyrach eu bod nhw.) Y gamp fawr y dyddiau hyn yw canfod unrhyw beth sydd ddim yn fendigedig.

Does gen i ddim gradd yn y Gymraeg. Yn wir, does gen i ddim gradd mewn unrhyw bwnc. Ond pan fyddwn i'n ymddangos o flaen camera a phan fyddaf yn eistedd o flaen meic, fe wnes – ac fe wnaf – fy ngorau i siarad yn gywir. Cefais gyfarwyddiadau unwaith gan ymchwilydd ar *Pnawn Da* a oedd â gradd MA mewn Cymraeg. Cyfeiriai'r cyfarwyddiadau at sgwrs ddisgwyliedig rhyngof fi a nifer o 'farddonwyr'! Rwy'n edrych ymlaen bob prynhawn dydd Mawrth at wrando ar 'Dalwrn y Barddonwyr'! O sôn am y *Talwrn*, a oes gyflwynydd gwell na Gerallt Lloyd Owen? Dim ond un ddaw yn agos ato yn y maes arbennig hwn, a Twm Morys yw hwnnw. Gyda llaw, un o'r breintiau mwyaf a ddaeth i'm rhan erioed oedd bod yn nhîm buddugol y *Talwrn*, Marchogion Arthur, yn 1990, a dod yn ail y flwyddyn wedyn.

Teimla llawer erbyn hyn fod siarad bratiaith yn well na cholli'r Gymraeg yn llwyr. Tybed? Os nad yw iaith yn werth ei siarad yn gywir, yna nid yw'n werth ei siarad o gwbl. Gofynnwch gwestiwn syml i blentyn heddiw, er enghraifft, 'Wyt ti'n mwynhau dy hun?' Ac mi fetiaf fy ngheiniog olaf y cewch yr ateb, 'ie'. Nid 'ydw', ond 'ie'.

Ond dyna ddigon o bregethu am iaith. Beth am y pwnc llosg o ddefnyddio caneuon Saesneg ar Radio Cymru? Fel un a godwyd yn seiniau Elvis a Bill Haley, does gen i ddim gwrthwynebiad i'r defnydd o ganeuon Saesneg os yw'r eitem yn gofyn am hynny. Er enghraifft, os oes rhaglen Gymraeg am Elvis, yna ffolineb o'r mwyaf fyddai peidio â chwarae rhai o'i recordiau yn ei iaith ei hun. Ac mae'r un peth yn wir pan holir rhywun am eu dylanwadau cerddorol ond teimlaf fod gormod o chwarae recordiau Saesneg diangen.

Erbyn hyn, wrth gwrs, mae gan Radio Cymru gystadleuaeth. Does yna'r un ardal yng Nghymru heb ei radio lleol, neu o leiaf yn medru derbyn gwasanaeth radio lleol. Pan gychwynnodd Radio Ceredigion, rhoddais flwyddyn o wasanaeth drwy gyflwyno rhaglen ddwyawr bob bore dydd Mawrth. Teimlwn yn falch o gael cynorthwyo menter leol. Ac mae yna griw nobl yn awr sy'n dal i frwydro i gynnal y Gymraeg ar y gwasanaeth hwnnw.

Mae rhyw ddeuoliaeth ryfedd yn perthyn i mi. Does neb yn mwynhau cwmni ffrindiau yn fwy na mi. Eto, ar brydiau, does neb sy'n mwynhau llonyddwch ac unigedd yn fwy na mi chwaith. Unigedd, cofiwch, nid unigrwydd. Teimlaf yn aml y medrwn dreulio cyfnod mewn carchar yn ddigon bodlon fy myd, ar yr amod y cawn fod mewn cell ar fy mhen fy hun. Yn wir, medrwn fyw fel mynach yn hawdd. Ond byddai hynny'n ddibynnol ar feddu ar dri pheth – set radio, llyfr da a phapur newydd bob dydd. O dan y fath amgylchiadau byddwn yn gwbl hapus.

Mae gan Bob Dylan gân o'r enw 'Is Your Love in Vain?' Ynddi mae'n mynegi fy union deimladau pan mae arnaf angen llonydd a llonyddwch:

Are you so fast that you cannot see that I must have solitude?
When I am in the darkness, why must you intrude?
Do you know my world, do you know my kind
Or must I explain?

Will you let me be myself
Or is your love in vain?

Ie, rhowch i mi bapur newydd. Rhowch i mi lyfr da. Rhowch i mi set radio, a Bob yn canu arni'n achysurol. Ac yna gadewch fi'n llonydd.

Ar Fy Ngair

Fedra i ddim dychmygu byd heb lyfr da. Byd diflas fyddai byd heb nofelau T. Llew Jones ac Islwyn Ffowc Elis, heb farddoniaeth R. Williams Parry a Dic Jones. Ond i fenyw y mae'r diolch am fy neffro i hud a lledrith llyfrau. Ei henw oedd Elizabeth Watkin-Jones, a hi fu'n gyfrifol am wneud i mi, yn ddeg oed, syrthio dros fy mhen a'm clustiau mewn cariad â merch bengoch, anturus. Ie, Luned Bengoch oedd arwres fy mhlentyndod. I mi roedd darllen yn rhan mor naturiol o fywyd ag oedd anadlu. Yn wir, nid darllen llyfrau a wnawn ond eu difa. Rwy'n siŵr imi ddarllen pob un o nofelau antur Enid Blyton. Ond doedd honno ddim yn yr un cae ag Elizabeth Watkin-Jones. Ar ôl ffoli ar *Luned Bengoch*, euthum at *Plant y Mynachdy*, a chofiaf yn dda yr ofn o feddwl am y portread hwnnw ar wal yr oriel, a phâr o lygaid yn syllu o'r tu ôl i lygaid y dyn yn y portread.

Bûm yn ffodus o gael fy magu ar aelwyd lle rhoddid pwys ar lyfrau a pharch i awduron. Yng nghornel y stafell ffrynt roedd cwpwrdd llyfrau uchel pedair-silff y tu ôl i ddrws gwydr. Roedd y cwpwrdd yn orlawn o lyfrau, yn amrywio o Daniel Owen i Daniel Defoe. Yno hefyd roedd cerddi Niclas y Glais a nofel Gwenallt, *Plasau'r Brenin,* a llenwid un silff gyfan gan gasgliad o ddwsin o wyddoniaduron, *The New Encyclopaedia of Modern Knowledge*. Treuliwn oriau yn sefyll ar fraich y gadair yn dewis a dethol, a mwy o oriau yn darllen yr hyn a ddewiswn ac a ddetholwn.

Yn y dyddiau hynny byddai cwrdd â bardd neu awdur yn wefr. Byddai hyd yn oed gweld Jac Oliver yn antur. Yn ogystal â barddoni, byddai Jac a'i griw yn cynnal cyngherddau hefyd i groesawu milwyr lleol adref o'r fyddin. Felly roedd Jac yn arwr dwbl. Roedd beirdd eraill Ffair Rhos, fel Dafydd Jones ac Ifan Jenkins, hefyd yn dduwiau. Ac ni wnaf fyth anghofio'r profiad o glywed i W. J. Gruffydd ennill y Goron ym Mhwllheli yn 1955. Erbyn hynny roeddwn i'n bymtheg oed, ac yn dechrau troi at ddiddordebau eraill llencyndod. Ond buan iawn y medrwn adrodd 'Ffenestri' ar fy nghof. Yn y gerdd fe enwodd W. J. fannau a phobl yr oeddwn yn gyfarwydd â hwy. Cawn fwy fyth o wefr o wybod fod y gerdd wedi ei seilio ar Ffair Rhos, y man lle ganwyd Mam, a lle'r awn yn rheolaidd i ymweld â Mam-gu Tŷ Cefen. Ac yna'r cyffro mwyaf oll pan ddywedodd Mam fod 'Wili Fagwyr Wen', fel y dywedai hi, yn perthyn i ni.

Un freuddwyd, a hynny o ddyddiau ysgol, oedd medru byw ar ysgrifennu. Ac yn wir, gwireddwyd hynny wrth i mi gael gweithio fel newyddiadurwr. Am ugain mlynedd, gyda'r *Cambrian News* a'r *Cymro*, cawn fy nhalu am ysgrifennu. Ond roedd rhywbeth yn dal ar goll. Ysgrifennu ffeithiol oedd fy ngwaith beunyddiol. Teimlwn awydd dianc ar adenydd ffantasi drwy ysgrifennu'n greadigol.

Yn ôl hen ddywediad, mae un nofel fawr ynom oll – cael hyd i'r allwedd i'w rhyddhau sy'n anodd. Ond aeth blynyddoedd lawer heibio cyn i mi fentro i fyd y nofel. Dal i guddio yn fy ngholuddion yn rhywle mae'r nofel fawr!

Erbyn hyn rwyf wedi ysgrifennu, cofnodi neu olygu tua 25 o lyfrau. Rhyw fath o ddilyniant o waith *Y Cymro* oedd fy ymgais gyntaf. Cofnod o waith ffilmio a hanes rhai o actorion *Pobol y Cwm* oedd y gyfrol gyntaf un. Fe'i cyhoeddwyd i nodi pen-blwydd y gyfres yn ddwyflwydd oed yn 1976. Golygodd hyn gynnal cyfweliadau gydag actorion fel Charles Williams, Rachel Thomas a Harriet Lewis. Daeth cyfrolau tebyg i ddilyn. Hwyl fawr hefyd fu cofnodi cyfrol Eirwyn Pontshân, *Twyll Dyn*. Ar gyfer hon, a gyhoeddwyd yn 1982, roedd Robat Gruffudd o'r Lolfa wedi recordio sgyrsiau ag Eirwyn. Cyflwynodd y tapiau i mi eu trosglwyddo o'r sain a'u gosod ar bapur. Roedd hyn yn y cyfnod cyn i mi gael prosesydd geiriau, felly'r unig ffordd i drefnu'r gyfrol oedd torri'r deipysgrif yn stribedi a'u gosod mewn ffeiliau o dan wahanol bynciau ar gyfer gwahanol benodau. Drwy weithio yn y modd hwn byddai angen clymu storïau at ei gilydd gan greu brawddegau cysylltiol. Euthum ati i'w hysgrifennu drwy eu hadrodd yn fy mhen yn nhafodiaith ag acen Eirwyn. Mae ei lais yn troi yn fy mhen hyd y dydd heddiw. Dyma'r ffordd i gofnodi ar ran rhywun arall, mi deimlaf. Rhaid mynd o dan groen y gwrthrych a mynegi'r geiriau yn union fel y byddai'r gwrthrych ei hun yn eu mynegi. Roedd hwn yn waith llafurus, ac er mai cyfrol gymharol fer oedd hi, fe gymerodd gryn amser.

Wedyn dyna'r gyfrol o 51 o ganeuon Meic Stevens, *I Adrodd yr Hanes*, yn 1993. Y syniad yma oedd dod i adnabod Meic drwy ei ganeuon, a'r bwriad gwreiddiol oedd cynnwys hanner cant o ganeuon gydag esboniad ac eglurhad ar bob un. Gwrthodai Meic yn lân â chynnwys hanner cant o ganeuon am nad oedd yn hoffi'r rhif – roedd yn rhif anlwcus, meddai. Rhaid oedd cael hanner cant ac un. Cyfrol debyg oedd honno ar ugeinfed pen-blwydd Ar Log dair blynedd yn ddiweddarach.

Cyfrolau o'r fath a'm harweiniodd i gofnodi hunan-gofiannau gwahanol bobl. Yn nhafarn y Cŵps un noson cofiaf Meic Stevens yn gofyn i mi a fyddwn â diddordeb mewn bod yn 'ysgrifennwr ysbrydol' iddo. Dyna gyfieithiad Meic o *'ghost writer'*. Ac yn wir, mae'n dweud mwy na 'rhith awdur'.

Erbyn hyn cofnodais hunangofiannau ar ran Dai Jones, Mici Plwm, Roy Noble, Dewi Pws, Charles Arch a Richard Thomas, neu Dic y Fet. Ni chafwyd mwy o dafodieithoedd yn Nhŵr Babel! Meddyliwch, dros fater o ychydig flynyddoedd, gorfod cofnodi tafodieithoedd mor wahanol â thri Chardi o wahanol rannau o'r hen sir, dau lyfr gan un o Jacs Abertawe, hunangofiant bachan o Frynaman a oedd, chwedl Roy Noble ei hun, yn 'siarad iaith y gwter' – y Gwter Fawr, wrth gwrs – ac un o Lan Ffestiniog.

Byddai gan bob un o'r rhain eu dulliau gwahanol o gofnodi eu hanesion ar fy nghyfer. Byddai Dai Jones, ar gyfer *Fi Dai sy' 'ma,* yn cofnodi dau neu dri llond tâp ar y tro, gan recordio yn ei gar, yn ei Land Rover neu ar ei dractor, yn dibynnu'n hollol beth fyddai'n ei wneud a ble byddai ar y pryd. Ar ganol ambell frawddeg clywn ebychiad annisgwyl, fel 'Cer bant o'r hewl, y blydi hipi diawl!' Neu, 'Olwen! Beth sy' i ginio heddi?' Yn aml methwn â pharhau â'm gwaith teipio wrth i chwerthin fynd yn drech na mi. Mae'n braf meddwl i'r gyfrol werthu dros 10,000 o gopïau. Ac mae'r cyfieithiad y bûm yn gyfrifol amdano, *Dai and Let Live,* eisoes wedi cyrraedd dros hanner hynny.

Byddai Dai ei hun yn cydnabod nad yw'n un o'r cofnodwyr mwyaf rhesymegol. Taflai Dai atgof ar ben atgof, stori ar ôl stori. Byddai gofyn dewis a dethol y gwahanol storïau, fel yn hanes *Twyll Dyn,* ar gyfer gwahanol benodau. Ond bu cael prosesydd geiriau i wneud y gwaith yn fendith fawr. Mae pwy bynnag wnaeth ddyfeisio 'torri-a-phastio' wedi cyflawni un o gymwynasau mwyaf dynoliaeth.

Fel Dai, byddai Roy Noble hefyd yn paratoi tapiau

ymlaen llaw ond fesul un y byddai'n eu cyflwyno i mi. Roedd gan Roy dipyn o drefn. Ddim cystal â Mici Plwm chwaith. Dyma'r cofnodwr mwyaf cymen o bawb. Popeth mewn trefn a phob hanesyn yn ei le heb i mi orfod newid unrhyw beth. Yr unig anghenraid oedd gwrando a theipio. A beth am Dewi Pws? Cael Dewi i gofio oedd y gwaith anoddaf. Mae'n atgoffa rhywun o'r apêl a wnaeth Bob Dylan cyn mynd ati i gofnodi ei hunangofiant ef. Ymbiliodd ar i unrhyw un a oedd yn ei adnabod yn y chwedegau i gysylltu ag ef am na chofiai ddim byd am y cyfnod hwnnw. Diolch byth fy mod i'n adnabod Dewi gystal, ac yn cofio cymaint o'i hanes, neu ynteu cyfrol denau ar y naw fyddai hi. Hyd yn oed wedyn roedd y llyfr yn brin. Yr unig ateb oedd i mi greu rhyw frechdan rhwng pob dwy bennod drwy gael atgofion pobl eraill amdano. Mynnai Dewi gynnal cyfweliadau â mi wyneb yn wyneb. Dyna'r unig ffordd y medrai weithio. Ond ceisiwch chi weithio wyneb yn wyneb â Dewi Pws!

Danfon tapiau fesul un, fel Roy Noble, a wnâi Dic y Fet hefyd. Ond yn achos Charles Arch, danfon copi wedi ei deipio gan mwyaf wnaeth e, a'r ddwy bennod olaf mewn beiro. Yn wir, aeth un bennod ar goll rhwng Pennal a Phontrhydfendigaid. Ond llwyddwyd i'w chanfod.

Roedd y ffaith fy mod i fy hun wedi ysgrifennu fy hunangofiant, sef *Cae Marged,* yn 1991, wedi bod yn gymorth mawr. Gwyddwn, o ganlyniad i gyhoeddi hwnnw, beth oedd yr anghenion a beth oedd y drefn angenrheidiol ar gyfer gosod atgofion ar bapur, neu ar sgrin cyfrifiadur yn fy achos i bellach. Gerallt Lloyd Owen a'm perswadiodd i gofnodi fy ngorffennol, a chan fy mod i ar y pryd yn hanner cant, teimlwn ei bod hi'n adeg addas i edrych yn ôl. Erbyn hyn aeth ymron bymtheng mlynedd arall heibio, cyfnod a ddaeth â newidiadau mawr yn ei gôl. Gydol y cyfnod bûm yn gweithio ar fy liwt fy hun fel cyflwynydd teledu a radio a phrofodd yr ysgrifennu i fod yn gymorth mawr i gadw'r blaidd o'r drws pan oedd pethau'n dawel.

Cyfrol ffeithiol ddiddorol arall y cefais gyfle i'w hysgrifennu oedd *Crwydro Celtaidd*, sef hanes y teithiau hynny gyda *Hel Straeon* drwy Iwerddon, Llydaw a'r Alban. Roeddwn i'n gyfarwydd iawn ag Iwerddon eisoes ond roedd treulio mis yn Llydaw yn brofiad newydd i mi. Ffolais ar y wlad, ar y bobl, ar y ffordd o fyw ac ar y bwydydd a'r diodydd. Rhaid fy mod i wedi bwyta tunelli o gregyn gleision ac yfed galwyni o win coch. Cefais siom ar yr ochr orau yn yr Alban hefyd, yn enwedig yn yr Ucheldir ac ar yr ynysoedd. Yn Dingwall, deuthum i ddeall beth oedd pwrpas y sboran a wisgir gan Albanwyr gwyllt a gwallgof. Yn y castell lle'r arhosem un noson roedd y bar wedi cau ond dyma ddyn mawr mewn gwisg draddodiadol yn dod ataf, yn agor ei sboran a thynnu allan dwy botel fach o wisgi. Rhoddodd un i mi ac yfodd y llall ei hunan. Meddyliwch, Albanwr a Chardi yn siario wisgi!

Pan ddaeth *Hel Straeon* i ben, cysylltais â chriw sgriptio *Pobol y Cwm* i weld a oedd modd cyfrannu ambell bennod. Ar ddiwedd yr wythdegau roeddwn wedi cydweithio â T. James Jones wrth baratoi un gyfres o storïau, gan greu braslun neu esgyrn sychion i'r sgriptwyr roi cig arnynt. Cyfrannais innau bennod neu ddwy hefyd, felly roedd gen i ychydig o brofiad. Wedi i mi ofyn am gael cynnig arall arni yn 1998, danfonwyd i mi fraslun o bennod brawf. Cwblheais hi a'i danfon yn ôl, gan feddwl i mi wneud jobyn reit foddhaol. A dyma fi, saith mlynedd yn ddiweddarach, yn dal i ddisgwyl ateb. Roedd yr olygfa agoriadol yn disgrifio proses o agor a chysylltu casgen gwrw â'r pwmp. Fel un oedd â chryn brofiad o 'dapo' casgenni yn y Cŵps a'r Hen Lew Du ac amrywiol dafarndai eraill, gwyddwn fod y cyfarwyddiadau yn anghywir. O dapo casgen yn y fath fodd, ddeuai'r un diferyn allan ohoni, ond hwyrach mai camgymeriad fu cywiro un o'r storïwyr!

Roedd gen i brofiad o sgriptio cyn hynny gan i mi gydsgriptio'r ffilm *Noson yr Heliwr* gyda Siôn Eirian yn 1991, ffilm sydd wedi cael ei dangos mewn dros ddeugain o wledydd erbyn hyn. Roedd y syniad canolog am y plot wedi bod gen i ers o leiaf ddeng mlynedd cyn hynny. Peter Edwards o gwmni Lluniau Lliw ddaeth i'r adwy gan saethu ffilm yn Gymraeg ac yn Saesneg gefn-wrth-gefn. Un o'm hoff gyfresi ditectif oedd *Taggart*, a hynny'n bennaf oherwydd y ffordd y defnyddiodd Glenn Chandler ddinas Glasgow fel cefndir. Yn wir, roedd Glasgow yn brif gymeriad i'r gyfres fel y mae Caeredin yn brif gymeriad yn nofelau Ian Rankin. Y syniad gen i oedd gwneud Aberystwyth yn gefndir, nid yn unig i'r ffilm ond i'r cyfresi a ddilynodd. Yn anffodus, ffarmiwyd y penodau teledu allan i wahanol awduron, y mwyafrif yn sgriptwyr o Loegr, ac roedd ganddynt hwy eu syniadau eu hunain am gefndiroedd i'r storïau. Y canlyniad oedd i'r Prif Arolygwr Noel Bain, druan, orfod symud yn amlach o le i le na cheiliog tincer. Ond dydw i ddim yn cwyno. O ganlyniad i'r ffilm, ac i'r hawl ar y cymeriadau yn y pum cyfres a ddilynodd, daeth y cyfan â chelc bach sylweddol i mi.

Ychydig flynyddoedd wedyn, yn 1994, teimlais mai peth da fyddai troi'r ffilm yn nofel – i'r gwrthwyneb y mae pethau'n gweithio fel arfer. Derbyniodd y Lolfa'r syniad a chafodd y nofel dderbyniad da. Mae'r ail nofel, *Si-Sô, Jac y Do*, newydd ymddangos a Bain, o'r diwedd, yn ôl yn ei briod le yn Aber. Wrth gwrs, fe ddylai fod wedi hen ymddeol ond stori arall yw honno. Yn y ddwy nofel, fy hoff rannau yw'r rheiny lle dwi'n disgrifio'r dref a'i thrigolion. Dywedir i James Joyce yn *Ulysses* greu darlun mor fanwl o Ddulyn fel y gellid, petai'r ddinas yn cael ei difodi'n llwyr, ei hail-greu'n berffaith o ddisgrifiadau'r awdur. Hoffwn feddwl y byddai modd i Aber hefyd, pe diflannai oddi ar wyneb y ddaear, fedru cael ei hailadeiladu ar sail y ddwy nofel hyn.

Un o'r gorchwylion mwyaf diddorol a ddaeth i'm rhan oedd golygu cyfres *Dal y Gannwyll* i Myrddin ap Dafydd o Wasg Carreg Gwalch. Thema'r gyfres oedd taflu ychydig o oleuni ar y tywyll a'r dirgel, gan roi sylw i lofruddiaethau, y goruwchnaturiol, ehedbethau anhysbys, cynllwynion ac ati. Diolch i'r gyfres hon daeth dyn hynod iawn i'r amlwg. Roedd D. Morris Lewis o Landyfrïog wedi bod yn sgriw carchar am 35 mlynedd, gan wasanaethu am gyfnod fel Rheolwr Gweithredol. Bu'n gwarchod rhai o ddihirod mwyaf y Deyrnas Unedig a bu'n bresennol wrth i rai o'r rheiny gael eu crogi. Roedd Morris wedi cofnodi ei hanes yn Saesneg; felly, yn ei achos ef, euthum ati i gyfieithu a golygu ei gyfrol, *Mewn Carchar Tywyll Du*.

Yn rhyfedd iawn, *Hel Straeon* ddaeth â Morris i'r amlwg gyntaf, a hynny dros ddeng mlynedd yn gynharach, wrth iddo drafod caneuon gwerin yng nghwmni Dr Meredydd Evans. Cefais y fraint hefyd o'i holi yn ddiweddarach ar *Prawn Da*. Mae cyfrol Morris yn berl, yn gronicl unigryw o fywyd gofalwr carchar. Dim pawb allai ddweud iddo roi crasfa i Mad Frankie Fraser, ond fe wnaeth Morris hynny er mai dyn bychan o gorff ydoedd. Parhaodd Morris yn chwimwth ac yn barod â'i farn hyd y diwedd, pan fu farw yn 87 mlwydd oed.

Gyda Morris wedi'n gadael, mae modd datgelu bellach gyfrinach ddiddorol y bu hi'n amhosibl gwneud yn ystod ei fywyd oherwydd y Ddeddf Cyfrinachau Swyddogol. Roedd Morris yng nghwmni Ronald Harris ar noswyl crogi hwnnw. Gwnaeth Harris gais munud olaf er mwyn ceisio osgoi'r gosb eithaf. Mynnai mai rhywrai eraill, sef dau gefnder oedd wedi cyflawni'r llofruddiaethau. Morris oedd y Prif Swyddog yng Ngharchar Abertawe, a chysylltodd ar ei union â'r Rheolwr. Ffoniodd hwnnw'r Gweinidog Cartref, Chuter Ede, i gyfleu datganiad Harris. Ond ar ôl clywed y stori, ymateb Ede oedd, 'Take him down in the morning'. Morris oedd y tyst swyddogol i'r neges honno.

Mae ochr dywyll bywyd wedi apelio ataf er pan oeddwn i'n llanc. Hoffwn storïau'r Brodyr Grimm a darllenais bob un o nofelau Agatha Christie cyn i mi fod yn bymtheg oed. Ac fel un a ddarllenai'r papurau newydd yn drylwyr, y colofnau a wnâi ddenu fy sylw fwyaf fyddai adroddiadau am lofruddiaethau. Cofiaf yn dda i mi, yn 13 mlwydd oed, ddarllen pob gair posibl am achos Ronald Harris ac am Bwyliaid Cwm-du, Michael Onufrejczyk a Stanislaw Sykut, yn y papurau yn 1953. Dyna pam rydw i wedi croesawu cael cydweithio â Roy Davies, a fu'n ddirprwybennaeth y Sgwad Dorcyfraith Ranbarthol yng Nghymru. Bûm yn ddigon ffodus yn nyddiau *Pnawn Da* i gael holi Roy droeon am wahanol achosion yn fyw ar y rhaglen. Mae'n ddyn diddorol a deallus sydd hefyd yn awdur a'r ddau ohonom erbyn hyn wedi cydweithio ar ddwy gyfrol, cyfanswm o gant o lofruddiaethau neu farwolaethau amheus yng Nghymru.

Un o achosion enwocaf y byd fu llofruddio John Lennon ger adeilad y Dakota yn Efrog Newydd yn 1980 gan Mark Chapman. Syndod un noson yn gynnar yn 1993 fu cael cyfarfod â chofiannydd Chapman. Roedd tuedd gan Elfed Evans, tafarnwr y Cŵps, i'm galw draw os byddai rhywun diddorol yn y bar. Ar y noson dan sylw ffoniodd fi i ddweud fod rhyw awdur o America yno ac am gael sgwrs â mi. Euthum yno a chyfarfod â newyddiadurwr o'r enw Jack Jones, Americanwr o dras Gymreig. Roedd newydd gyhoeddi cyfrol ar Mark Chapman yn sgil nifer o gyfweliadau yng Ngharchar Utica a oedd wedi eu cofnodi ar 400 awr o dapiau. Roedd Jack draw am wythnos, a bu i mi ei gyfarfod bob nos. Ar ei noson olaf rhoddodd barsel i mi, rhyw rodd fach, meddai, i gofio amdano. Pan euthum adref ac agor y pecyn canfûm gopi o'r gyfrol, *Let Me Take You Down*, a honno wedi ei harwyddo gan Jack yn nodi *'a man after my own heart of darkness'*. Arno hefyd roedd llofnod y llofrudd ei hun gyda'r geiriau, *'God Bless You!'* Gyda'r gyfrol roedd un o'r tapiau, ac arno roedd Chapman yn disgrifio'i hun yn mynd allan o'i westy i saethu Lennon. Yn naturiol, mae'r gyfrol a'r tâp gen i o hyd.

Diddordeb arall sy'n rhan o'r un maes yw hwnnw mewn llenyddiaeth arswyd ac mae Stephen King yn un o'm harwyr mawr. Nid yw'n faes sydd wedi cyffroi awduron Cymraeg rhyw lawer ac mae hynny'n rhyfedd o feddwl am y deunydd crai sydd gennym yn ein hen chwedlau. Pwnc hynod ddiddorol yw llenyddiaeth arswyd, gan ei fod yn codi braw arnom ar yr un pryd â'n denu. I mi, yr arswyd sy'n codi o sefyllfaoedd cyffredin yw'r arswyd mwyaf.

Mae *Merch Fach Ddrwg*, a gyhoeddwyd yn 1998, yn ffrwyth profiad rhyfedd a ddigwyddodd i mi. Roeddwn ar fy ngwyliau ar Ynys Agistri yng Ngwlad Groeg ac yn darllen *Reign of Fear*, cyfrol ar waith King. Syrthiais i gysgu a phan ddihunais roedd fy mhen yn byrlymu o syniadau. Ar unwaith fe'u nodais ar bapur ac o fewn hanner awr roedd gen i syniad am chwe stori arswyd. Pedair o'r rheiny sydd yn *Merch Fach Ddrwg*.

Fedra i ddim honni i mi erioed weld ysbryd ond credaf yn eu bodolaeth. Credaf hefyd ym modolaeth fampirod. Credaf yr un mor sicr ym modolaeth y Diafol ymgnawdoledig. Ac oes, mae arna i ofn y diawl! Credaf, er enghraifft, fod Hitler yn ymgnawdoliad o'r Diafol. Ond fel y mynn King, yr ofnau bach bob dydd yw'r ofnau mwyaf. Nodais yn y rhagair i *Merch Fach Ddrwg* un profiad na wnaf byth ei anghofio. Cerdded adref ar noson loergan, lonydd. O'm blaen ymestynnai'r ffordd yn glir a golau i'r pellter. Ni phasiodd yr un car. Ni ddaeth yr un bod dynol i gyfarfod â mi ond yn sydyn, a minnau tua dau can llathen o'm cartref, sylwais ar weddill sigarét yn mygu ar ganol y ffordd. Fe gymerodd rai eiliadau i mi sylweddoli arwyddocâd yr hyn a welwn. Pwy oedd wedi taflu'r sigarét? Neb a welswn i, yn sicr. Rhedais adref â'm gwynt yn fy nwrn.

Yr hyn sy'n gwneud Stephen King mor arbennig i mi yw ei synnwyr digrifwch annisgwyl. Gofynnwyd iddo unwaith beth oedd ei gyfrinach. Ei ateb oedd, 'Rwy'n dal i feddu ar galon plentyn . . . Rwy'n ei chadw mewn potel ar silff y dreser.' A heb synnwyr digrifwch mae'n amhosibl gwerthfawrogi stori neu ffilm arswyd.

Unwaith yn unig y rhoddais gynnig ar nofel gonfensiynol. Y nofel honno oedd *Dim Heddwch*, a gyhoeddwyd yn 2000. Fel yn achos *Yr Heliwr*, roedd y syniad wedi bod ar fy meddwl ers tro. Dau ymweliad â dwy Eisteddfod Genedlaethol yng Nghaernarfon oedd y symbyliad, y naill yn 1959 a'r llall ugain mlynedd union yn ddiweddarach, yn 1979. Yn y gyntaf bu dau gyfaill yn meddwi ac yn camymddwyn ac yn yr ail maent yn cyfarfod eto. A chraidd y nofel yw'r modd y newidiodd un tra yr arhosodd y llall yn rebel.

Mae cymeriad Joe wedi ei sefydlu ar Peter Goginan, a oedd gyda mi yng Nghaernarfon yn 1959. Ond nid ef deithiodd i fyny yn fy nghwmni, er bod y nofel yn dweud hynny. Y cyfaill oedd gen i yn bodio oedd John Wyn Huws, a fu'n athro chwaraeon yn Nolgellau ac a fu farw ddeunaw mis yn ôl. John oedd y cyntaf o'r criw i'n gadael, y cyntaf i dorri'r cylch.

Derbyniodd y nofel adolygiadau diddorol. O blith tua dwsin, dim ond un wnaeth ei lambastio, hwnnw ei hun yn gyflwynydd teledu. Roedd y prif gymeriad yn y nofel yn 'gyfryngi' confensiynol hefyd. Tybed a gredodd yr adolygydd mai ef oedd gen i mewn golwg? Synnwn i ddim, gan y gwn am o leiaf dri chyflwynydd teledu a ofynnodd a wnes i seilio'r cymeriad arnynt hwy! Wel na, fi oedd y cymeriad dan sylw, hynny yw, yr *alter ego* hwnnw a allai fod yn bodoli petawn i wedi mynd i fyd y cyfryngau yn gynnar yn fy mywyd yn hytrach nag yn hwyr. Ond gwnaed iawn am yr un adolygiad gwael gan un o'r adolygiadau gorau a dderbyniais am unrhyw gyfrol erioed, a hwnnw yn *Barn* gan Owen Martell. Mae canmoliaeth gan rywun sydd hefyd yn nofelydd ifanc o bwys yn hwb mawr.

Un gyfrol yn arbennig y mwynheais ei hysgrifennu oedd hanes Gwersyll Fron-goch ger y Bala, lle treuliodd bron i ddwy fil o garcharorion Gweriniaethwyr (Gwyddelig) 1916 gyfnod y tu ôl i'r weiren. Roedd cyhoeddi *Y Pair Dadeni* yn uchafbwynt ymron 40 mlynedd o ddiddordeb ac ymchwil i'r pwnc. Rwy'n dal i ymchwilio ar gyfer addasiad Saesneg o'r gyfrol. Yn rhyfedd iawn, mae mwy o arwyddocâd i'r teitl Cymraeg erbyn hyn wedi i mi ganfod mai un o'r geiriau côd oedd i'w ddefnyddio gan long yr *Aud*, a gariai arfau ar gyfer Gwrthryfel y Pasg ond a suddwyd yn fwriadol gan y criw Almaenig, oedd 'Bran'. Meddyliwch yr arwyddocâd. Bendigeidfran yn hwylio i Iwerddon i geisio rhyddhau ei chwaer. Mae'r Gwyddelod a laddwyd yn cael eu taflu i'r Pair Dadeni ac yn dod allan yn fyw, ond heb fedru siarad. Yn 1916 roedd dwsinau o Weriniaethwyr, a oedd wedi colli eu hiaith, yn gaeth yn y

Fron-goch. Ac o'u taflu i'r Pair Dadeni hwnnw llwyddasant i ail-lefaru, a hynny yn eu hiaith eu hunain.

Fy hoff gyfrol o'm gwaith fy hun yw *Cofion Cynnes*, sef portread o ugain o gymeriadau y bûm yn ddigon ffodus i'w hadnabod. Mae rhai fel Gwenallt, Niclas y Glais, Caradog Prichard a Richard Burton yn eu plith ond cymeriadau cyffredin yw'r rhan fwyaf ohonynt, cymeriadau di-nod eu broydd ond eto yn anghyffredin ar yr un pryd. Yn ei gyfrol *Black Spring* aeth Henry Miller ati i gymharu enwogion y byd â rhai o drigolion y stryd yn Ward 14 o Brooklyn lle trigai. Doedd Napoleon yn neb, meddai, o'i gymharu ag Eddie Carney, a roddodd i Miller ei lygad du cyntaf. Doedd Jules Verne ddim wedi ei arwain i unrhyw fannau tywyllach na'r llefydd a ddangosai Stanley Borowski iddo wedi iddi nosi. A byddai dychymyg Robinson Crusoe yn pylu ochr yn ochr â Johnny Paul, meddai. A dyna a deimlaf innau hefyd wrth gofio am Dic Bach, Twm Pickfords, Peter Goginan, Pontshân a Cayo. Rhain oedd yr arwyr gwerin go iawn.

Does dim sy'n bwysicach nag ysgol brofiad. Roedd gan Eirwyn Pontshân stori am rywun gwybodus yn dadlau â Socrates, gan ddweud, 'Socrates, dwyt ti'n neb. Dwyt ti'n gwybod dim.' A dyma Socrates yn cytuno ag ef,

'Rwyt ti'n iawn. Dydw i ddim yn gwybod dim. Dwyt ti ddim yn gwybod dim. Ond y gwahaniaeth mawr rhyngom ni yw, rydw i'n gwybod nad ydw i'n gwybod dim.' A does dim angen rhywun mor ddysgedig â Socrates i fynegi gwirioneddau. Cofiaf ddau gyfaill i mi un noson yn ffraeo'n ddrwg iawn. Dyma un yn edliw wrth y llall,

'Gwranda 'ma, gwd boi. Rwy'n dy nabod ti nawr ers saith mlynedd, ac rwy newydd ddod i'r penderfyniad mai ti yw'r bachan twpa yn y byd.' A'r llall yn ateb,

'Nage, os yw hi wedi cymryd saith mlynedd i ti ffeindio hynny mas, yna ti yw'r twpsyn mwya yn y byd.' Ydi, mae

Miller yn iawn. Dyma'r cymeriadau. Dyma'r arwyr. Bois y stryd i Miller, a bois y wlad i mi.

Ar ôl i mi adael *Y Cymro* yn 1986, rwyf yn ôl bellach yn byw ar ysgrifennu – ar ysgrifennu creadigol. Yr eironi yw i mi orfod disgwyl tan oedran ymddeol cyn bwrw iddi. Ac fe gymerodd i mi gael y sac gan *Pnawn Da* cyn y medrais i gyflawni hynny.

Yn ystod y flwyddyn gyntaf wedi i mi adael Llanelli, hynny yw rhwng mis Medi 2004 a mis Medi 2005, ysgrifennais gynifer â 270,000 o eiriau ar gyfer llyfrau yn unig (a difetha, drwy draul, ddau fysellfwrdd!). Rhwng cyfraniadau i bapurau newydd a chylchgronau, ynghyd â chyfieithu a golygu dogfennau i Brifysgol Cymru, mae'n rhaid bod y ffigwr ymhell dros 300,000. Ac mae'r gwaith ysgrifennu, er yn galed, wedi fy nghynnal.

Mae patrwm fy nyddiau wedi newid yn llwyr erbyn hyn. Byddaf yn codi am wyth y bore i seiniau'r *Post Cynnar* ac o fewn hanner awr byddaf o flaen sgrin y prosesydd geiriau, os caf lonydd gan Drachma'r cwrci, sydd â thuedd i eistedd yn union o flaen y sgrin, a minnau'n ceisio gweithio. Ei orsedd yn aml iawn yw'r sganiwr, gan y bydd hwnnw weithiau'n dwym. Byddaf yn gweithio'n ddi-dor am bedair awr ac yna'n cymryd dwyawr bant i bori drwy'r papurau. Yna, 'nôl at y ddesg am ddau a gweithio weithiau tan chwech, pan gaf gyfle i ddal y newyddion ar y teledu. Yn aml iawn byddaf yn ailgydio yn fy ngwaith tua wyth neu naw o'r gloch a gweithio tan ddeg, pan fydd hi'n amser gwylio mwy o'r newyddion a throi am 10.30 at *Newsnight* pan, gyda lwc, y bydd Paxman yn cyflwyno. Ef yw fy hoff ddarlledwr, dyn gwâr a diddorol a ysgrifennodd glamp o gyfrol ar yr iaith Saesneg. Synnais at ei agwedd iach ynddi tuag at y Gymraeg.

Yn fy stydi fach, gyda'i ffenest yn edrych allan tuag at Ystrad Meurig ac Ysbyty Ystwyth, gwelaf farcutiaid yn hofran uwchben. Daw robin goch powld at silff y ffenest ac mae dau gnocell y coed yn bwydo yn y cefn. Wrth fy mhenelin mae gen i set radio fechan. Ar honno, wrth i mi weithio, byddaf yn gwrando ar fy hoff raglenni ar Radio Cymru, yn cynnwys pob bwletin newyddion. Cofiwch, pan ddaw'r rhaglenni papur wal ar eu tro bydd y set Roberts yn cael ei thewi. Diddorol oedd darllen yn y *Telegraph* rai misoedd yn ôl mai set Roberts, yn union fel fy un i, fydd y Frenhines yn ei chario gyda hi i bobman yn ei bag llaw. Er mae gen i amheuaeth a fydd hi'n gwrando ar Radio Cymru. Pan ddaw'r rhaglenni papur wal ar eu tro, gwell gen i wedyn droi i wrando ar recordiau Bob Dylan, Tom Waits ac, wrth gwrs, Meic Stevens.

Petai rhywun wedi dweud wrthyf flwyddyn yn ôl y gwnawn i lwyddo i fyw ar ysgrifennu, fe fyddwn wedi ei gynghori i fynd i'r seilam i gael rhywun i ddarllen ei ben. Ond na, mae'n wir. Ysgrifennu yw fy mara menyn unwaith eto, ac rwyf wrth fy modd.

Mae'r broses o ysgrifennu yn rhywbeth pwysig iawn i mi. Mwya i gyd a ddarllenaf ar waith llenorion ifainc, mwya i gyd y sylweddolaf fod rhyw fath o newid wedi digwydd dros y blynyddoedd diwethaf. Defnyddir geiriau amhendant yn llawer rhy aml. Ac mae'r gair 'rhoi' yn fwgan mawr. Sawl tro y cawn frawddeg fel, 'Rhoddodd ei fys ar gloch y drws.' (Gwasgodd gloch y drws.) 'Rhoddodd gic i'r gath.' (Estynnodd gic i'r gath/ciciodd y gath.) 'Rhoddodd ei law ar ysgwydd y ferch.' (Gosododd/gorffwysodd ei law ar ysgwydd y ferch.) 'Rhoddodd gusan ar ei boch.' (Cusanodd ei boch.)

Peth arall sydd wedi dod yn gyffredin yw defnyddio'r gair amhendant 'punnoedd' ar ôl symiau pendant. Dysgwyd fi yn yr ysgol mai'r ffordd gywir yw defnyddio punnoedd yn achos swm nad yw'n bendant, fel 'Costiodd bunnoedd iddo i atgyweirio'i gar.' Ond pan fo'r swm yn bendant, dylid defnyddio 'punnau'. 'Costiodd dair mil o bunnau iddo i atgyweirio'i gar.'

Ar ôl dweud hynny, teimlaf fod sefyllfa ysgrifennu a chyhoeddi yn Gymraeg yn well nag y bu erioed. Cyhoeddir mwy o lyfrau ac, yn llawer pwysicach, cyhoeddir mwy o lyfrau da a safonol. Mae gennym yng Nghymru gnwd o awduron ifainc ffres a llawn dychymyg. Ac ym maes papurau newydd mae'n bleser mawr gen i weld adfywiad Y Cymro. Unwaith eto mae'n bapur difyr a dadleuol. Lai na deng mlynedd yn ôl awn drwyddo mewn pum munud ond erbyn hyn mae'n werth oedi drosto. Yn wir, mae ynddo gymaint o ddeunydd fel ei bod hi'n rheidrwydd oedi drosto.

Un peth rydw i'n dal yn anhapus yn ei gylch yw'r holl gyfieithu sy'n digwydd ym maes llenyddiaeth, a hynny o'r Saesneg i'r Gymraeg. Ni welaf unrhyw bwrpas o gwbl yn y fath ymarferiad. Pam darllen Harry Potter yn Gymraeg pan fod modd gwneud hynny yn yr iaith wreiddiol? Ofnaf fod Cymru wedi troi'n genedl ail-law. Cyfieithu, efelychu, dilyn y ffasiwn Seisnig sy'n bwysig heddiw. A hyn sy'n gyfrifol am gwlt afiach y selebs. Os yw cân yn llwyddiannus yn Saesneg, rhaid ei chyfieithu. Os yw nofel yn llwyddiannus yn Saesneg, rhaid ei chyfieithu. Os oes ffasiwn Seisnig yn boblogaidd, rhaid ei hefelychu. Begera yw hyn, ac mae'r holl beth wedi mynd yn bla. Mae bywyd yn cyflym droi yn un *Waw Ffactor* enfawr.

Teimlaf i'r Urdd golli cyfle mawr yn yr Eisteddfod yn y Bae yng Nghaerdydd drwy lwyfannu cyfieithiad o *Les Misérables*. Pam na chomisiynwyd rhywun i gyfansoddi sioe gerdd gwbl wreiddiol, un Gymraeg a Chymreig? Mae amryw o'n rhaglenni teledu yn addasiadau gwael o raglenni sydd bron iawn mor wael yn Saesneg. Mae arwyddion fod pethau'n gwella wrth i nofelau Cymraeg gan Mihangel Morgan a Sonia Edwards gael eu cyfieithu i'r Saesneg. Dyna'r cyfeiriad y mae angen i ni fynd tuag ato.

Fydd gen i ddim diddordeb mewn gwaith teledu rheolaidd byth eto. Llosgais y bont sydd rhyngof a Pharc Tŷ Glas a does dim troi'n ôl. Llosgi'r bont, ie. Ond yn wahanol i Hogia Llandegai, nid llosgi'r atgofion chwaith. Hwyrach na wêl neb fy eisiau i. Yn sicr, ni welaf fi eisiau S4C na'r byd teledu, er mor dda y bu hwnnw i mi. O ran gwaith, tuag ymlaen mae edrych. Mae pennod sy'n cynrychioli ugain mlynedd o'm bywyd wedi dod at yr atalnod llawn olaf. Ac i ddyfynnu Ricky Hoyw, 'gwnes i fe ffordd fi'. Y ffregod a ddefnyddir gan gyfarwyddwr ar ddiwedd saethu rhaglen yw, 'It's a wrap'. A dyna fy hanes innau. Diffoddwyd goleuadau'r set ond mae golau arall yn gwrido'r gorwel. Roedd dyddiau teledu yn ddyddiau da. Ond i ddyfynnu'r hen Robert Zimmerman unwaith eto o'i gân 'My Back Pages',

Ah, but I was so much older then,
I'm younger than that now.

Y Newyddion Diweddaraf

Mae hi'n ganol mis Awst. Mae hi'n wyth o'r gloch y bore a minnau'n sipian fy mhaned te cyntaf o'r dydd. Wrth fy mhenelin yn gwylio'r meddyliau'n troi'n sylwedd ar y sgrin mae Drachma'r cwrci. Ceisia â'i bawen ddal pob gair wrth iddynt ymddangos yn wyrthiol o flaen ei lygaid. Drwy'r ffenest gwelaf farcud coch yn hofran dros gae Olwen ar draws y ffordd. Mae'n oedi yn ei unfan uwch y llwyni wrth wylio rhyw lygoden fach anffodus nad yw'n breuddwydio mai eiliadau yn unig o'i bywyd sy'n weddill. O'r cefn clywaf sŵn cnocell y coed yn curo darn o bren. Mae'n swnio'n union fel y gwnâi fy hen deipiadur gynt. Gan i mi ysgrifennu dros 300,000 o eiriau mewn deuddeng mis, sawl tap roedd ei angen ar gyfer pob llythyren, tybed?

Petawn i'n codi ac edrych allan drwy un o ffenestri'r cefn cawn weld Pen y Bannau, hen Sffincs o fynydd swrth yn pendwmpian uwchlaw'r pentre sy'n gorffwys rhwng ei draed. Yn llyfu ei balfau o'r golwg yn y tes mae afon Teifi.

Heddiw bwriadaf gau pen y mwdwl ar fy stori. Heddiw yw'r dyddiad terfyn ar gyfer danfon y bennod olaf hon i Gordon, golygydd y wasg, fel y gall dynnu ei linyn mesur drosti. Ddim yn aml y bydda i'n methu dyddiad terfyn a theimlaf yn ffyddiog y bydd yn ei gyrraedd dros y lein erbyn diwedd y dydd.

Ymhen pythefnos byddaf wedi gadael *Pnawn Da* a Llanelli ers blwyddyn gyfan. Fel y dywedodd Ifas gynt, 'Syrpraisi how fflai taim'. Ac o feddwl am hedfan, ymhen pythefnos dylwn fod ar fy ffordd i ynys Agistri a'r haul a'r *Ouzo*. Gall y Groegiaid gadw'u haul. Ond ddim yr *Ouzo*. Flwyddyn yn ôl byddwn wrth y bwrdd brecwast yn Southmead yn darllen y papurau boreol. Y *Daily Mail*, y *Western Mail* ac, wrth gwrs, y *Sun*. Nid fy newis i ond dewis deiliaid y gwesty, ond dewis da, serch hynny. Cyn hir byddwn yn cerdded i fyny Ffordd y Frenhines Fictoria, troi ger Canolfan Elli, croesi'r ffordd heibio i gefn Stamps ac i fyny drwy'r farchnad ac allan i'r arcêd. Yma byddai gofyn bod yn garcus rhag i rywun ddod i fyny ataf a dweud, 'Handel, dere â mincid punt.'

Yn y ddesg yn Tinopolis byddai Sylvia yn wên i gyd yn dymuno 'Bore Da!' I fyny heibio'r swyddfeydd a byddwn yn dringo'r grisiau tua'r swyddfa ac at fy nesg, a wynebai ddesg Elinor. Ac at weddill papurau'r dydd.

Ond mae'r cof yn crwydro. Gwell canolbwyntio ar y gwaith o gwblhau'r bennod hon. Cyn hir bydd fy chwaer, Gwen, wedi cyrraedd â'r papurau. Heddiw fe ddaw â'r *Cambrian News*, *Y Cymro*, y *Sun*, y *Daily Mail* a'r *Western Mail*. Ddaw *Golwg* ddim tan fory a rhaid fydd aros wythnos am y *Private Eye* nesaf.

Gyda'r post cyrhaeddodd fy nghopi diweddaraf o'r *Journalist*, cylchgrawn yr NUJ. Ac i ddefnyddio ystrydeb, daliwch y tudalen flaen! Ugain mlynedd wedi i'r *Sun* symud i Wapping mae Rupert Murdoch wedi gorfod plygu. Mae cangen newydd o'r NUJ wedi agor yno. Bron na waeddaf 'Bendigedig!' Na, mae 'Haleliwia!' yn fwy addas. Da y dywedodd yr Ysgrifennydd Cyffredinol, Jeremy Dear, 'Pan adawon ni Wapping, wnaethon ni ddim diffodd y goleuadau. A nawr r'yn ni'n benderfynol y gwnân nhw losgi'n fwy llachar nag erioed.'

Mae yna eironi mawr i'r pennawd uwchlaw'r stori: *'It's the Journalist wot won it!'* Adlais o bennawd enwog y *Sun* yn 1992, wrth gwrs, wedi i Neil Kinnock fethu yn ei ymgais i feddiannu Rhif 10 Stryd Downing. Do, fe esgymunodd Murdoch yr NUJ. Ond fe sicrhaodd hefyd na chafodd y Boyo uchel ei gloch y pleser rhagrithiol o hongian helmed glöwr symbolaidd ar wal parlwr Rhif 10. Dim rhyfedd, felly, fod yna amwysedd yn fy nheimladau tuag at y *Sun*. Ac o'r diwedd mae'r Undeb, fel pob newyddiadurwr gwerth ei halen, wedi llwyddo i wthio'i throed yn ôl rhwng y drws a'r ffrâm.

Mae'r fath newyddion da yn galw am baned arall. Ac fe'i hyfaf wrth bori drwy'r papurau, sydd newydd gyrraedd. Yn *Y Cymro* mae Gwilym Owen yn gresynu at bresenoldeb y newyddiadurwyr bach di-glem a diwreiddiau oedd yn Stafell y Wasg ar Faes Eisteddfod Eryri. Amen, meddaf finnau.

Yn *Y Cymro* eto, colofn wych iawn gan Geraint Jones, un o golofnwyr craffaf, ffraethaf, mwyaf pigog a'r mwyaf rhywiog ei Gymraeg yn y bydysawd.

Mae cyfeirio at y bydysawd yn dod â mi yn dwt at y *Sun*. Ynghanol trafferthion bomwyr a phregethwyr gwae, mae'r papur hynod hwn wedi canfod clwstwr o sêr, filiynau o filltiroedd o'n byd bach ni. Mae'r clwstwr hwnnw'n ffurfio siâp wyneb Victor Meldrew.

Dwi ddim yn credu'r peth!